屏蔽门、电扶梯设备维护

主　编　尚志坚

副主编　杨　乐

主　审　侯晶晶

重庆大学出版社

内容提要

本书是根据城市轨道交通电扶梯及屏蔽门设备的特点,参照国家及轨道行业相关职业标准的要求进行编写的。该书在内容方面力求全面、完整地涵盖了地铁自动扶梯、直梯、楼梯升降机设备及屏蔽门系统设备,涉及从初级工到高级工应掌握的各项知识和技能点。该书图文并茂,通俗易懂,并且对于重点内容均配有相应的视频讲解。

本书的主要服务对象是轨道交通行业工作人员和轨道交通专业在校学生,同时也为热爱轨道交通事业的广大社会人员提供参考。

图书在版编目(CIP)数据

屏蔽门、电扶梯设备维护 / 尚志坚主编. -- 重庆:
重庆大学出版社,2021.9
ISBN 978-7-5689-2911-0

Ⅰ.①屏… Ⅱ.①尚… Ⅲ.①地下铁道车站—屏蔽—门—检修—岗位培训—教材②地下铁道车站—自动扶梯—检修—岗位培训—教材 Ⅳ.①U231.4

中国版本图书馆 CIP 数据核字(2021)第 182652 号

屏蔽门、电扶梯设备维护

主　编　尚志坚
副主编　杨　乐
主　审　侯晶晶
策划编辑:周　立

责任编辑:周　立　　版式设计:周　立
责任校对:关德强　　责任印制:张　策

*

重庆大学出版社出版发行
出版人:饶帮华
社址:重庆市沙坪坝区大学城西路 21 号
邮编:401331
电话:(023)88617190　88617185(中小学)
传真:(023)88617186　88617166
网址:http://www.cqup.com.cn
邮箱:fxk@ cqup.com.cn(营销中心)
全国新华书店经销
重庆俊蒲印务有限公司印刷

*

开本:787mm×1092mm　1/16　印张:8.5　字数:210 千
2021 年 9 月第 1 版　　2021 年 9 月第 1 次印刷
印数:1—3 000
ISBN 978-7-5689-2911-0　定价:45.00 元

编 审 委 员 会 （排名不分先后）

城市轨道交通以其不可替代的优越性正在成为我国城市交通发展新的热点和重点。轨道交通系统设备先进、结构复杂，高新技术应用广泛，要保障这样一个庞大系统安全高效地运行，必须依靠与之相匹配的高素质员工。员工的素质直接关系着企业的生存和发展，因此，培养一批业务过硬、技艺精湛的能工巧匠，是确保城市轨道交通安全运营的重中之重。

本书是根据城市轨道交通电扶梯及屏蔽门设备的特点，参照国家及轨道行业相关职业标准的要求进行编写的。该书在内容方面力求全面、完整，涵盖了地铁自动扶梯、直梯、楼梯升降机设备及屏蔽门系统设备，涉及从初级工到高级工应掌握的各项知识和技能点。该书图文并茂，通俗易懂，并且对于重点内容均配有相应的视频讲解。

本书的主要服务对象是轨道交通行业工作人员和轨道交通专业在校学生，同时也为热爱轨道交通事业的广大社会人员提供参考。

本书由西安市轨道交通集团有限公司运营分公司的专业工程师参与编写，主要参编人员有西安地铁的尚志坚、杨乐、杨兴国、李小龙、乔小文，尚志坚担任主编，杨乐担任副主编，侯晶晶担任主审。尚志坚负责本书项目 1、项目 2 内容的撰写，杨乐负责项目 3 内容的撰写，杨兴国负责项目 4 内容的撰写，李小龙负责项目 5 内容的撰写，乔小文负责项目 6 内容的撰写。

由于编写人员经验不足，如有不当之处敬请批评指正，提出宝贵意见和建议。

编委会

2021 年 1 月

项目1 机电一体化维修工职业描述

任务 1.1 职业概况

1.1.1 职业定义

城市轨道交通机电一体化维修工是指从事地铁屏蔽门/安全门、电扶梯、楼梯升降机等设备的施工、大修、维修及巡守的人员。

1.1.2 职业等级

城市轨道交通机电一体化维修工的职业共设五个等级:初级(国家职业资格五级)、中级(国家职业资格四级)、高级(国家职业资格三级)、技师(国家职业资格二级)、高级技师(国家职业资格一级)。

1.1.3 职业环境条件

电扶梯设备安装在室内外、地下、常温,屏蔽门安装在各车站站台边缘,一侧为站台公共区、另一侧为隧道行车区,屏蔽门系统的供电设备、控制系统中央接口盘(PSC)、与信号系统、综合监控系统的接口设备安装在屏蔽门设备室。如表1.1所示是电梯、屏蔽门的工作环境参数。

表 1.1 工作环境参数

	轨道侧		站台侧	
	干球温度	相对湿度	干球温度	相对湿度
屏蔽门	−10 ~ 42 ℃	≤90%	0 ~ 30 ℃; 短期 −10 ~ 45 ℃;	相对湿度, ≤70%, 短期相对湿度, ≤90%
设备房	0 ~ 30 ℃(短期 −10 ~ 42 ℃)(正式运营后)			

表中的环境参数适用于正式开通运营后,设备在运输、仓储、安装阶段的设备房及站

台公共区温度按 $-10 \sim 45$ ℃,相对湿度按不大于90%考虑。

1.1.4 职业能力特征

城市轨道交通机电一体化维修工要求具有较强的机械操作能力,电气设备、测量、测绘、仪器仪表操作能力;现场应对故障和突发事件的能力;有获取、领会和理解外界信息的能力,有语言表达以及对事物的分析和判断的能力;手指、手臂灵活,动作协调性好;有空间想象及一般计算能力;心理及身体素质较好,无职业禁忌症;听力及辨色力正常,双眼矫正视力不低于5.0。

1.2 能力分析

本节仅对初级、中级、高级的能力要求进行分析,三个等级依次递进,高级别涵盖低级别的要求。

屏蔽门操作以及注意事项

1.2.1 初级工

如表1.2所示为城市轨道交通机电一体化维修工初级工能力分析表。

表1.2 初级工能力分析表

职业功能	工作内容	技能要求	相关知识
1. 电扶梯基础知识	(1)电扶梯设备的接口划分	①了解电扶梯专业与其他专业的接口划分 ②在日常设备巡检、检修、故障处理中涉及多专业配合完成的工作,能分清本专业责任	掌握接口划分原则
	(2)电扶梯基本结构	①电梯基本结构 ②自动扶梯基本结构	掌握电扶梯基本组成结构
	(3)电扶梯设备安全开关掌握	①了解设备安全功能及安全开关位置 ②掌握安全开关动作原理	掌握安全开关的功能及动作原理
	(4)电扶梯巡检标准及注意事项	独立完成设备巡检,并发现设备在运行及安全中存在的问题	掌握设备巡检内容及标准
	(5)电扶梯检修内容	掌握垂直电梯、自动扶梯、楼梯升降机检修内容	掌握设备检修内容及标准

职业功能	工作内容	技能要求	相关知识
2. 屏蔽门基础知识	(1)屏蔽门与其他专业的接口划分	①了解屏蔽门专业与其他专业的接口划分 ②在日常设备巡检、检修、故障处理中涉及多专业配合完成的工作,能分清本专业所负责任	掌握接口划分原则
	(2)地铁车站形式及屏蔽门系统布置	①了解地铁车站形式 ②掌握屏蔽门系统布置	地铁车站形式及屏蔽门系统布置
	(3)屏蔽门类型及系统构成	掌握屏蔽门的分类及系统构成	屏蔽门类型及系统构成
	(4)屏蔽门巡检标准及注意事项	独立完成设备巡检,并发现设备在运行及安全中存在的问题	掌握设备巡检内容及标准
	(5)屏蔽门检修内容	掌握屏蔽门检修内容	掌握设备检修内容及标准
3. 电扶梯实操技能	(1)电扶梯开关梯流程及注意事项的掌握	①掌握开关设备方法,独立完成开关梯 ②掌握开关设备时的注意事项,在现场进行安全防护	掌握开关梯方法及注意事项
	(2)仪器仪表的使用	掌握仪器仪表的使用方法	正确使用转速仪、噪声计、绝缘摇表、塞尺
	(3)进出轿顶、底坑流程及注意事项	掌握操作方法及注意事项	掌握进出轿顶、底坑流程
	(4)电扶梯专业巡检流程	独立请销点作业,掌握流程规定	掌握巡检流程
	(5)电扶梯检修及注意事项	①掌握检修周期及内容,明确保养方法 ②了解检查作业中的注意事项,做好现场安全防护工作	掌握检修周期及注意事项
4. 屏蔽门实操技能	(1)屏蔽门的操作及注意事项	①掌握屏蔽门在不同等级下的操作 ②掌握不同门体的手动操作 ③不同门体手动操作的适用范围	不同等级下的屏蔽门操作及不同门体的手动操作
	(2)仪器仪表的使用	掌握仪器仪表的使用方法	正确使用转速仪、噪声计、绝缘摇表、塞尺、万用表

续表

职业功能	工作内容	技能要求	相关知识
4. 屏蔽门实操技能	(3) 屏蔽门监控软件开启操作	掌握监控软件的启动、退出操作及注意事项	监控软件的启动、退出
	(4) 屏蔽门巡检流程	独立请销点作业,掌握流程规定	掌握巡检流程
	(5) 屏蔽门检修及注意事项	①掌握检修周期及内容,明确保养方法 ②了解检查作业中的注意事项,做好现场安全防护工作	掌握检修周期及注意事项

1.2.2 中级工

如表1.3所示为城市轨道交通机电一体化维修工中级工能力分析表。

表1.3 中级工能力分析表

职业功能	工作内容	技能要求	相关知识
1. 电扶梯基础知识	(1) 电扶梯电气识图	①了解电气元器件图例 ②掌握读图方法,明确电路走向及连接方式	掌握电气识图方法
	(2) 电扶梯常见故障处理方法	掌握常见故障处理方法	掌握常见故障处理方法
	(3) 电扶梯现行国标	了解设备现行国际标准,掌握有关现场设备的技术参数及相关要求标准	了解相关国标要求
2. 屏蔽门基础知识	(1) 屏蔽门电气识图	①了解电气元器件图例 ②掌握读图方法,明确电路走向及连接方式	掌握电气识图方法
	(2) 屏蔽门监控系统	①掌握控制系统的组成 ②掌握控制的实现原理	掌握屏蔽门控制系统
	(3) 屏蔽门常见故障处理方法	掌握常见故障处理方法	掌握常见故障处理方法
	(4) 屏蔽门系统等电位、绝缘与接地	①掌握屏蔽门等电位的裂解方法 ②掌握屏蔽门为什么需与钢轨等电位 ③掌握绝缘地板敷设顺序及方法	屏蔽门等电位连接及绝缘地板敷设

职业功能	工作内容	技能要求	相关知识
3. 电扶梯实操技能	(1) 垂直电梯困人救援	掌握困人救援方法	掌握困人救援方法
	(2) 电扶梯安全开关、间隙的调整	了解开关动作间隙,调整其符合使用要求	掌握调整方法
	(3) 电扶梯常见故障处理流程	①了解故障发生可能原因,能处理简单设备故障 ②掌握故障处理方法及流程	掌握故障处理方法
	(4) 电扶梯常用备件更换	掌握易损件备件的更换	掌握易损件备件的更换
4. 屏蔽门实操技能	(1) 屏蔽门常见故障处理流程	①了解故障发生可能原因,能处理简单设备故障 ②掌握故障处理方法及流程	掌握故障处理方法
	(2) 屏蔽门常用备件更换	掌握易损件备件的更换	掌握易损件备件的更换

1.2.3 高级工

如表 1.4 所示为城市轨道交通机电一体化维修工高级工能力分析表。

表 1.4 高级工能力分析表

职业功能	工作内容	技能要求	相关知识
1. 电扶梯基础知识	(1) 电扶梯调速原理	掌握变频器相关元件作用	掌握变频器调速原理
	(2) 电扶梯主要零部件更换报废标准	了解部件更换报废标准,并能识别零部件损伤程度	掌握更换报废标准
	(3) 电扶梯设备大修及改造	了解大修及改造项目	掌握相应国标要求
2. 屏蔽门基础知识	(1) 屏蔽门主要零部件更换报废标准	掌握机械、电气主要部件的报废标准	掌握更换报废标准
	(2) 屏蔽门设备大修及改造	了解设备大修及改造项目	掌握屏蔽门设备改造项目

续表

职业功能	工作内容	技能要求	相关知识
3.电扶梯实操技能	(1)电扶梯疑难故障处理	掌握电扶梯疑难故障处理方法	掌握电扶梯疑难故障处理方法
	(2)电扶梯设备的调试及验收	掌握设备验收标准	掌握设备验收标准
4.屏蔽门实操技能	(1)屏蔽门疑难故障处理	掌握屏蔽门疑难故障处理方法	掌握屏蔽门疑难故障处理方法
	(2)屏蔽门设备的调试及验收	掌握设备验收标准	掌握设备验收标准

项目2 特种设备知识概述

任务 2.1 特种设备简介

2.1.1 特种设备及电扶梯定义

特种设备是指涉及生命安全、危险性较大的锅炉、压力容器(含气瓶)、压力管道、电梯、起重机械、客运索道、大型游乐设施和场(厂)内专用机动车辆。其中锅炉、压力容器(含气瓶)、压力管道为承压类特种设备;电梯、起重机械、客运索道、大型游乐设施为机电类特种设备。本章以电扶梯为例,对特种设备的维护保养等进行说明。

电梯是指动力驱动,利用沿刚性导轨运行的箱体或者沿固定线路运行的梯级(踏步),进行升降或者平行运送人、货物的机电设备,包括载人(货)电梯、自动扶梯、自动人行道等。

2.1.2 电扶梯维保特殊性

电扶梯保养是指对运行的电扶梯部件进行检查、加油、清除积尘、调试安全装置的工作。

按照《特种设备安全监察条例》要求,电梯应当至少每15日进行一次清洁、润滑、调整和检查,以电扶梯为例,对电梯的安装、改造、修理,必须由电梯制造单位或者其委托的依照本法取得相应许可的单位进行。电梯制造单位委托其他单位进行电梯安装、改造、修理的,应当对其安装、改造、修理进行安全指导和监控,并按照安全技术规范的要求进行校验和调试,电梯制造单位对电梯安全性能负责。

在维护保养过程中,操作人员须规范使用每种防护用品,并在整个接触设备的时间内认真充分佩戴。充分利用个人防护用品做到自我保护,以减少检修过程中带来的危害。

任务 2.2　电扶梯的日常管理

2.2.1　电扶梯使用管理

（1）电扶梯设备安全管理人员、操作人员应当按照国家有关规定获得相应资格,考取特种设备安全管理员证、作业人员证后方可从事相关工作。

（2）电扶梯设备使用单位应当使用取得许可生产并经检验合格的特种设备。禁止使用国家明令淘汰和已经报废的特种设备。

（3）电扶梯设备使用单位应当在特种设备投入使用前或者投入使用后 30 日内,向负责特种设备安全监督管理的部门办理使用登记,取得使用登记证书。安全检验合格证应当置于该特种设备的显著位置。

（4）电扶梯设备使用单位应在检验合格有效期届满前一个月向特种设备检验机构提出定期检验要求。未经定期检验或者检验不合格的特种设备,不得继续使用。

（5）电扶梯设备使用单位应当委托取得相应电梯维修项目许可的单位进行维保,并且与维保单位签订维保合同,约定维保的期限、要求和双方的权利义务等。

（6）电扶梯设备出现故障或者发生异常情况,特种设备使用单位应当对其进行全面检查,消除事故隐患,方可继续使用。

（7）电扶梯设备使用单位应当将安全使用说明、安全注意事项和警示标志置于易于为乘客注意的显著位置。电梯发生困人时,及时采取措施,安抚乘客,组织电梯维修作业人员实施救援。

（8）电扶梯设备钥匙必须由经过培训并取得特种设备操作证的人员使用,其他人员不得使用。

（9）电扶梯设备使用单位的安全管理人员应当履行下列职责:

①进行电扶梯运行的日常巡视,记录电梯日常使用状况;

②制订和落实电扶梯的定期检验计划;

③检查电扶梯安全注意事项和警示标志,确保齐全清晰;

④妥善保管电扶梯钥匙及其安全提示牌;

⑤发现电扶梯运行事故隐患需要停止使用的,有权做出停止使用的决定,并且立即报告本单位负责人。

（10）电扶梯设备现场使用制度

1）垂直电梯

①电梯严禁运载易燃易爆及超长物品;

②老弱病残孕乘客乘梯时需有人陪同;

③严禁强行打开厅门和轿门。

2）自动扶梯

①禁止将行李或推车放到梯级上；

②严禁逆向乘坐扶梯；

③严禁将身体探出扶手带外和倚靠在内壁板上；

④严禁老人、小孩独自乘坐扶梯；

⑤严禁踩踏梯级黄线处；

⑥严禁用扶梯载运货物。

3）楼梯升降机

①切勿超载使用；

②楼梯升降机在运行时要注意导轨周围情况；

③切勿让乘客身体或轮椅超出平台。

2.2.2 电扶梯维护管理

电扶梯的维保分为半月、月、季度、半年、年度维保，其维保的基本项目和达到的要求须满足《电梯使用管理与维护保养规则》。维保单位对电扶梯进行清洁、润滑、检查、调整，更换不符合要求的易损件，使电扶梯达到安全要求，保证电扶梯能够正常运行。

电扶梯设备管理人员应当对电扶梯的维保进行跟踪，对不满足使用要求的设备部件，及时要求维保单位进行调整更换。

项目3 工器具介绍

任务 3.1 手持式转速仪

3.1.1 基本定义

如图 3.1 所示是一种常用的手持数字转速仪,手持数字转速仪具有测量范围宽、精度高、功能多、使用方便等特点,可测量转速、线速度及频率,具有记数功能,可以准确地测量每分钟转速或表面速度及距离,使用时选择不同的测速头,可以进行接触式转速测量;手持数字转速仪的"存储"功能允许保存最大读数(MAX)、最小读数(MIN)、平均读数(AV)以及最后读数。

图 3.1 手持数字转速仪

3.1.2 操作步骤

(1)启动转速仪,显示屏测试将点亮所有液晶显示屏段一秒钟,然后显示所配置的表面速度选择;当转速仪启动时,将显示上一次选择的模式;在 30 s 无操作后,转速仪将自动关机。

手持式
转速仪的使用

（2）开始测量时,选择合适的测速头并将测速头连接到测速杆的端部,选择 RPM 转速模式,按压启动键,使测速头接触到被测物体上,当转速计被触发时屏幕显示转速数值。

3.1.3　注意事项

（1）选择合适的测速头;
（2）电量不足时及时更换电池;
（3）长时间不使用该仪表,请将电池取出,以防电池腐烂而损坏仪表

任务 3.2　噪声计

3.2.1　基本定义

如图 3.2 所示是 TASI 电子噪声计的实物图,噪声计又叫噪音计、声级计,是噪声测量中最基本、最简单的声音测量仪器;可用来测试轿厢内、机房等环境噪声等级,噪声计由传声器、放大器、衰减器、检波器、显示器及电源等组成。

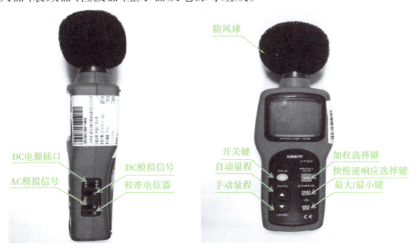

图 3.2　TASI 电子噪声计

3.2.2　操作步骤

（1）使用前的工作:拧松底盖螺丝,拉开连接电池盒的拉扣,装好电池,关上电池盖板,拧紧螺丝。
（2）接通电源开关,把动态特性选择开关置于"快"或"慢"位置,将功能选择开关置于MEAS,显示器上读数则为测量结果。测量时用压力传声器,必须使传声器与噪声传播方向平行或采用90°射入,以保证测量准确。

3.2.3　注意事项

（1）噪声计安装电池或外接电源注意极性,切勿反接;

（2）长期不用应取下电池,以免漏液损坏仪器;

（3）传声器切勿拆卸,防止摔掉,不用时放置妥当;

（4）噪声计仪器应避免放置于高温、潮湿、有污水、灰尘及含盐酸、碱成分高的空气或化学气体的地方。

任务 3.3　塞尺

3.3.1　基本定义

如图 3.3 所示的单片塞尺,塞尺是测量间隙尺寸的一种常用工具,常用的塞尺有单片塞尺和阶梯形塞尺。单片塞尺一般用不锈钢制造,最薄的为 0.02 mm;最厚的为 3 mm,0.02 ~ 0.1 mm 各钢片厚度级差为 0.01 mm;0.1 ~ 1 mm 各钢片的厚度级差一般为 0.05 mm;1 mm 以上钢片的厚度级差为 1 mm。

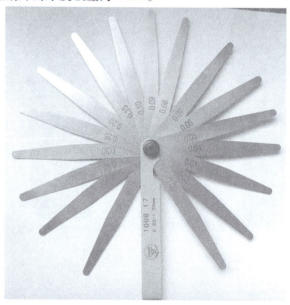

图 3.3　单片塞尺

3.3.2　操作步骤

（1）用干净的棉布将塞尺测量表面擦拭干净,不能在塞尺沾有油污情况下测量;

（2）将选择的塞片平行插入隙位，如果塞片插不进隙位，则说明所选择的塞片厚度过大，可再选用厚度较薄的塞片；如果塞片能够插入隙位，则观察塞片在隙位中的空隙巨细，如空隙较大，则说明所选择的塞片厚度过小，可再选择较厚的塞片；如空隙较小，则说明所选择的塞片厚度与隙位宽度已很接近，此时再增加一个最小厚度值的塞片插入隙位，如果塞片插不进隙位，则说明没有增加塞片前的塞片值最接近隙位的宽度。

3.3.3 注意事项

（1）根据结合面的间隙情况选用塞尺片数，片数愈少愈好；

（2）测量时不能用力太大，以免塞尺遭受弯曲和折断，需要注意的是不能测量温度较高的工件；

（3）使用塞尺时不能戴手套并保持手的干净、干燥；

（4）观察塞尺有无弯折、生锈，以免影响测量的准确度；

（5）擦拭塞尺上的灰尘和油污，以免影响测量的准确度；

（6）测量时不能强行把塞尺塞入测量间隙，以免塞尺弯曲或折断。

任务 3.4　绝缘摇表

3.4.1　基本定义

如图 3.4 所示，绝缘电阻测试仪（电子式兆欧表）是测量绝缘质量的测试仪，它有多种电压输出。选择 500、1 000、2 500、5 000 V，测量电阻量程范围是 0 ~ 200 GΩ，电阻量程范围可自动转换，有相应的指示。

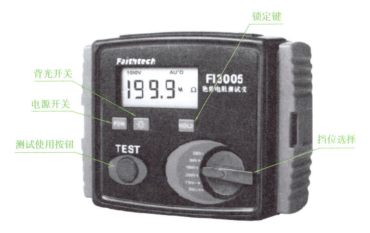

图 3.4　FI3005 绝缘电阻测试仪

3.4.2 操作步骤

（1）选用与被测元件电压等级相适应的摇表：500 V 及以下的线路或电气设备，使用 500 V 或 1 000 V 的摇表；500 V 以上的线路或电气设备，使用 1 000 V 或 2 500 V 的摇表。

（2）测量前必须将被测线路或电气设备的电源全部断开，不允许带电测绝缘电阻，要查明线路或电气设备上无人工作后方可进行测量。

（3）摇表的表线是绝缘线，不宜采用双股绞合绝缘线，表线的端部有绝缘护套；摇表的线路端子"L"应接设备的被测相，接地端子"E"应接设备外壳及设备的非被测相，屏蔽端子"G"应接到保护环或电缆绝缘护层上，以减小绝缘表面泄漏电流对测量造成的误差。

（4）测量前要对摇表进行开路校检，摇表"L"端与"E"端空载时摇动摇表，指针指向"∞"；摇表"L"端与"E"端短接时，摇动摇表指针指向"0"，说明摇表功能良好。

（5）测试前将被试线路或电气设备接地放电。

（6）测量时，摇动摇表手柄的速度要均匀 120 r/min 为宜；保持稳定转速 1 min 后，取读数，以便躲开吸收电流的影响；绝缘 0.5 MΩ 以下不能使用，新电机或者重新绕过线圈的电机应当绝缘大于 5 MΩ。

3.4.3 注意事项

（1）用摇表测试高压设备的绝缘时，应由两人进行；

（2）测试过程中两手不得同时接触两根线；

（3）测试完毕应先拆线，后停止摇动摇表，以防止电气设备向摇表反充电导致摇表损坏。

任务 3.5　万用表

3.5.1 基本定义

如图 3.5 所示，万用表又叫多用表、三用表、复用表，是一种多功能、多量程的测量仪表，一般万用表可测量直流电流、直流电压、交流电压、电阻和音频电平等，有的还可以测交流电流、电容量、电感量及半导体的一些参数，比如 β 值等。

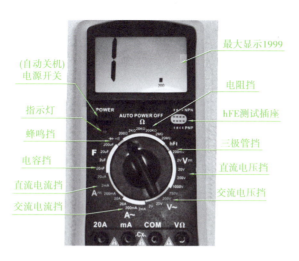

图 3.5　万用表使用图示

3.5.2　操作步骤

1.电压的测量

（1）直流电压的测量

如图 3.6 所示为测量直流电压,如测量电池、随身听等电源的电压值的示意图。

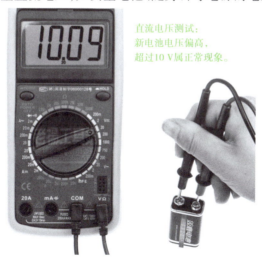

直流电压测试:
新电池电压偏高,
超过10 V属正常现象。

图 3.6　万用表使用示意图

①将黑表笔插进"COM"孔,红表笔插进"V　Ω",把旋钮选到比估计值大的量程（注意:表盘上的数值均为最大量程,"V－"表示直流电压挡,"V～"表示交流电压挡,"A"是电流挡）,②把表笔接电源或电池两端;保持接触稳定。数值可以直接从显示屏上读取,若显示为"1.",则表明量程太小,那么就要加大量程后再测量。如果在数值左边出现"－",则表明表笔极性与实际电源极性相反,此时红表笔接的是负极。

（2）交流电压的测量

表笔插孔与直流电压的测量一样,不过应该将旋钮打到交流挡"V～"处所需的量程即可。交流电压无正负之分,测量方法跟前面相同。

无论测量交流电压还是直流电压,要注意安全,禁止用手触摸表笔的金属部分。

2. 电流的测量

(1)直流电流的测量。

①将黑表笔插入"COM"孔,若测量大于 200 mA 的电流,则要将红表笔插入"10 A"插孔并将旋钮打到直流"10 A"挡;若测量小于 200 mA 的电流,则将红表笔插入"200 mA"插孔,将旋钮打到直流 200 mA 以内的合适量程。

②调整好后,就可以测量了。将万用表串进电路中,保持稳定,即可读数。若显示为"1.",那么就要加大量程;如果在数值左边出现"−",则表明电流从黑表笔流进万用表。

(2)交流电流的测量。

测量方法与 1 相同,不过挡位应该打到交流挡位,电流测量完毕后应将红笔插回"VΩ"孔,若忘记这一步而直接测电压,表或电源将会报废。

3. 电阻的测量

将表笔插进"COM"和"VΩ"孔中,把旋钮打旋到"Ω"中所需的量程,用表笔接在电阻两端金属部位,测量中可以用手接触电阻,但不要把手同时接触电阻两端,这样会影响测量精确度的——人体是电阻很大但是有限大的导体。读数时,要保持表笔和电阻有良好的接触。注意单位:在"200"挡时单位是"Ω";在"2k"到"200k"挡时单位为"kΩ";"2M"以上的单位是"MΩ"。

4. 二极管的测量

数字万用表可以测量发光二极管,整流二极管等,测量时,表笔位置与电压测量一样,将旋钮旋到"V"挡;用红表笔接二极管的正极,黑表笔接负极,这时会显示二极管的正向压降。肖特基二极管的压降是 0.2 V 左右,普通硅整流管(1N4000、1N5400 系列等)约为 0.7 V,发光二极管为 1.8 ~ 2.3 V。调换表笔,显示屏显示"1."则为正常,因为二极管的反向电阻很大,否则此管已被击穿。

3.5.3　注意事项

(1)测量电流与电压不能旋错挡位,如果误将电阻挡或电流挡去测电压,极易烧坏电表;万用表不用时,最好将挡位旋至交流电压最高挡,避免因使用不当而损坏。

(2)如果未知被测电压及电流的大小,应先用合适的挡位来测试,以免损坏万用表,使用的挡位越接近被测值,测量的数值就越准确。

(3)测量电阻时不要用手触及元件裸露的两端以免人体电阻与被测电阻并联,造成测量结果不准确。

(4)测量电阻时,如将两支表笔短接,指示仍然达不到 0 点,这通常是表内电池电压不足造成的,应换上新电池进行准确测量。

(5)万用表不用时,不要旋到电阻挡,因内有电池,如不小心易使两根表笔相碰短路,不仅消耗电池,严重时甚至会损害表头。

任务 3.6　红外测温仪

3.6.1　基本定义

如图 3.7 所示是红外测温仪,是一种使用红外技术进行温度测量的仪器。红外测温仪具有使用便捷,快速温度测量,在巡视和日常检验时携带方便。红外测温仪测量温度精确,误差一般在 1 ℃以内,设备的性能对做预防性维护特别重要,红外测温仪的重要特点是快速探测操作温度的微小变化,红外测温仪在使用中安全,能安全地读取难以接近的或不可到达的目标温度。

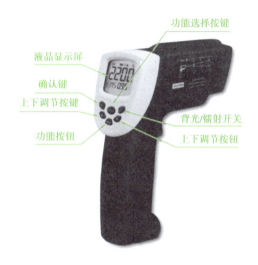

图 3.7　红外测温仪

3.6.2　操作步骤

(1)到被测地点,从箱中取出红外测温仪;

(2)右手握住测温仪手柄,食指扣动一下开关,将听到"BI-BI"的声音,电源接通,屏幕将显示你正对物体的温度,测量时要注意距离系数 K,例如 $K = D:S = 12:1$,通俗理解为测量范围为 12 m 远时,被测物体面积为直径 1 m 的圆,如果大于 12 m 处存在一个 1 m 直径的物体,测量的物体温度将不准确。

(3)要测量物体,将镜头正对被测物体,按住开关将进行测量,这时屏幕左上侧将出现扫描(SCAN)符号,表示正在测量,松开开关,屏幕左上侧将出现保持(HOLD)符号,这是屏幕上显示的即是被测物体温度。

(4)在视线不清或者黑暗的环境中使用该仪器,先松开电源开关按钮,然后按一下镭射/背光灯(LASER/BACKLIT)按键,这是屏幕上将显示镭射/背光灯符号,这时按下测量开关,将会看到被测物体上出现红色小点,表明正在对该区域进行测温。不用时,松开电源开关键,再按镭射/背光灯按钮,按一下关闭镭射,按两下关闭背光灯,按三下关闭背光灯和镭射。

(5)在检测一个面(如密闭)时,可用定点法,每次测定时必须及时记录。测量数据自动保持 7 s,没有操作,30 s 自动关机。背光灯延迟 10 s 后自动关闭。

3.6.3 注意事项

(1)只测量表面温度,红外测温仪不能测量内部温度。

(2)红外线测温仪是不能透过玻璃进行测量温度的,玻璃有很特殊的反射和透过特性,不允许红外温度读数,但是可通过红外线窗口测温。红外线测温仪最好不用于光亮的或抛光的金属表面的测温(不锈钢、铝等)。

(3)定位热点,要发现热点,仪器瞄准目标,然后在目标上作上下扫描运动,直至确定热点。

(4)注意环境条件:蒸汽、尘土、烟雾等。它阻挡仪器的光学系统而影响精确测温。

(5)环境温度,如果测温仪突然暴露在环境温差为 20 ℃ 或更高的情况下,允许仪器在20 min 内调节到新的环境温度。

复习思考题

1. 手持式转速仪使用时注意事项有哪些?
2. 使用噪声计测量风速时的测量操作步骤是什么?
3. 使用兆欧表的安全注意事项是什么?
4. 使用万用表测量电压和电流接线有什么区别?
5. 电子式噪声计的使用方法是什么?
6. 塞尺的使用范围是多少?

项目4 初级工理论知识及实操技能

任务 4.1 电扶梯

4.1.1 电扶梯设备的接口划分

1. 电扶梯与工建专业接口

电扶梯与工建专业接口如表4.1所述。

表4.1 电扶梯与工建专业设备接口划分

项目	接口1	工作内容	接口2
电扶梯	电扶梯	机电专业:负责电扶梯(含车辆段、停车场)本体和原厂附属设备的故障上报、维修	工建
		工建专业:负责电扶梯(含车辆段、停车场)周边的土建结构和装饰装修设施的故障上报、维修	

2. 电扶梯与自动化专业接口

电扶梯与自动化专业接口如表4.2所述。

表4.2 电扶梯与BAS专业设备接口划分

项目	接口1	工作内容	接口2
垂直电梯	电扶梯	1.自动化专业:负责电扶梯控制箱内端子排外线侧(不包括端子排)相关设备维护及管理 2.机电专业:负责电扶梯控制箱内端子排内线侧(包括端子排)相关设备维护及管理	BAS
自动扶梯		1.自动化专业:负责自动扶梯控制箱内端子排外线侧(不包括端子排)相关设备维护及管理 2.机电专业:负责自动扶梯控制箱内端子排内线侧(包括端子排)相关设备维护及管理	

续表

项目	接口1	工作内容	接口2
垂直电梯	电扶梯	1.自动化专业:负责电梯控制柜的接线端子排之后的线路及设备维护、保养和管理,根据需要配合机电专业完成相关故障的排除处理 2.机电专业:负责电梯控制柜的接线端子排(包括端子排)之前的线路及设备维护、保养和管理	FAS
垂直电梯紧急控制、监视	电扶梯	FAS与电梯分界在电梯控制箱端子排入线段,内侧(包括端子)归机电专业维护、保养;外侧(不包括端子)归自动化专业维护、保养	FAS
安防门禁系统与垂直电梯	电扶梯	1.安防门禁系统与电梯的接口位置为电梯机房内电梯专业接线端子 2.电梯机房内电梯专业接线端子至门禁系统侧的设备由自动化专业维修、维护 3.电梯机房内电梯专业接线端子至电梯系统侧的设备由机电专业维修、维护	综合监控
综合后备盘(IBP)与ES	电扶梯	1.IBP盘的端子排端子接线紧固及至综合监控侧的线路、按钮、指示灯由自动化专业维修 2.ES子系统至IBP盘端子排的连接线由机电专业维修、保养	BAS

3. 电扶梯与低压配电专业

电扶梯与低压配电专业接口如表4.3所述。

表4.3　电扶梯与低压配电专业设备接口划分

项目	接口1	工作内容	接口2
垂直电梯	电扶梯	1.低压配电专业负责低压设备箱输出端子(包括低压设备箱)以前的线路及设备的维修保养及管理 2.电扶梯专业负责低压设备箱输出端子以后的线路及设备的维修保养及管理	低压配电
自动扶梯	电扶梯	1.低压配电专业负责低压设备箱输出端子(包括低压设备箱)以前的线路及设备的维修保养及管理 2.电扶梯专业负责低压设备箱输出端子以后的线路及设备的维修保养及管理	低压配电

4. 电扶梯与通信专业

电扶梯与通信专业接口如表4.4所述。

表 4.4　电扶梯与通信专业设备接口划分

项目	接口1	工作内容	接口2
垂直电梯	电扶梯	1.通信专业负责完成通信配线架上至电梯控制柜对讲接线端子排的电缆跳线工作,电梯到车控室对讲电话跳线工作,完成对讲电话跳线端子的维护保养及管理工作 2.电扶梯专业负责直梯轿厢内的对讲电话至配线架外线侧的通信电缆的维护保养及管理	通信
楼梯升降机		1.通信专业负责完成通信配线架上至楼梯升降机对讲接线端子排的电缆跳线工作;楼梯升降机到车站控制室的对讲电话的电缆跳线工作,配合完成对讲电话跳线端子的维护保养及管理工作 2.电扶梯专业负责楼梯升降机上的对讲电话至配线架外线侧的通信电缆的维护保养及管理	

4.1.2　电扶梯的基本结构

（1）垂直电梯基本结构组成:曳引系统、电气控制系统、电力拖动系统、导向系统、轿厢系统、门系统、重量平衡系统、安全保护系统。无机房示意图如图4.1所示,有机房示意图如图4.2所示。

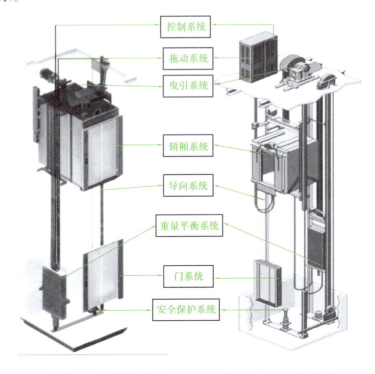

控制系统
拖动系统
曳引系统
轿厢系统
导向系统
重量平衡系统
门系统
安全保护系统

图4.1　无机房示意图　　　图4.2　有机房示意图

①电梯曳引机是垂直电梯的动力设备,又称电梯主机。功能是输送与传递动力使电梯运行。它由电动机、制动器、联轴器、减速箱、曳引轮、机架和导向轮及附属盘车手轮等组成。导向轮一般装在机架或机架下的承重梁上。盘车手轮有的固定在电机轴上,也有平时挂在附近墙上,使用时再套在电机轴上。

②电梯的电气控制系统,主要是指对电梯主曳引电动机和门机的启动、运行方向、减速、停止的控制,以及对每层站显示、层站召唤、轿内指令、安全保护等指令信号进行管理。操纵是实行每个控制环节的方式和手段。控制系统的功能与性能直接决定着电梯的自动化程度和运行性能。

③电梯的电力拖动系统的功能是为电梯提供动力,并对电梯的启动加速、稳速运行和制动减速起着控制作用。拖动系统的优劣直接影响着电梯起停时的加速和减速性能、平层精度、乘坐舒适感等指标。目前电梯的拖动系统分为直流电动机拖动、交流电动机拖动和永磁同步电动机拖动。

④导向系统是限制轿厢和对重的活动自由度,使轿厢和对重只沿着各自的导轨作升降运动,使两者在运行中平稳,不会偏摆。由导轨、导靴、导轨支架组成。

⑤电梯轿厢是装载乘客或货物,具有方便出入门装置的箱形结构部件,是与乘客或货物直接接触的。轿厢由轿厢架和轿厢体组成,轿厢体是形成轿厢空间的封闭围壁,除必要的出入口和通风孔外不得有其他开口,轿厢体由不易燃和不产生有害气体和烟雾的材料组成。轿厢体一般由轿底板、轿厢壁、轿厢顶。

⑥电梯门系统可以分为两种,装在井道入口层站处的为层门,装在轿厢入口处的为轿厢门。层门和轿厢门按照结构形式可分为中分门、旁开门等。中分式门主要用在乘客电梯上,旁开式门在货梯和病床梯上用得较普遍。电梯层门和轿厢门一般由门、导轨架、滑轮、滑块、门框、地坎等部件组成。门一般由薄钢板制成,为了使门具有一定的机械强度和刚性,在门的背面配有加强筋。

⑦重量平衡系统是使对重与轿厢达到相对平衡,在电梯工作中使轿厢与对重间的重量差保持在某一个限额之内,保证电梯的曳引传动平稳、正常。它由对重装置和重量补偿装置两部分组成。

⑧电梯的安全保护系统包括多种机械、电气安全装置:其中机械安全装置包括超速保护装置——限速器、安全钳;超越行程的保护装置——强迫减速开关、终端限位开关。终端极限开关分别达到强迫减速、切断方向控制电路、切断动力输出(电源)的三级保护;冲顶(蹲底)保护装置——缓冲器;门安全保护装置——层门门锁与轿门电气联锁及门防夹人的装置;轿厢超载保护装置及各种装置的状态检测保护装置(如限速器断绳开关)。电气安全装置包括电气安全保护系统——供电系统保护、电机过载、过流等装置及报警装置等。

(2)自动扶梯基本结构组成:主机、上下机室、桁架、扶手带及驱动装置、转向站、裙板、梯级及梯级驱动装置、踏板。如图 4.3 所示。

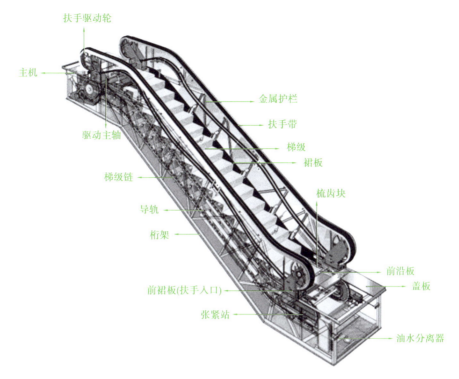

图 4.3　自动扶梯基本结构组成

①自动扶梯的驱动系统主要由主机、驱动链轮、梯级链轮、扶手驱动链轮、主轴及制动轮或棘轮等组成。

②制动系统一般由工作制动器和辅助制动器组成。

③自动扶梯的传送系统一般由梯级、梯级链、导轨和上下转向站组成。

④自动扶梯的扶手装置主要有扶手带、扶手带盖板等组成。

⑤自动扶梯的安全装置主要由工作制动器、附加制动器、驱动链保护装置、超速保护装置、梯级运行保护装置、梯级塌陷保护装置、扶手带速度检测装置、扶手带断带保护装置、梳齿板和裙板保护装置等安全装置组成。

4.1.3　电扶梯设备安全装置概述

1.垂直电梯的安全装置

（1）限速器

限速器装置由限速器、钢丝绳、张紧装置三部分组成。限速器安装在井道顶部，张紧装置安装在井道底部，固定在导轨上。钢丝绳两端分别绕过限速器和张紧装置的绳轮，与固定在轿厢架梁上的安全钳绳头连接，限速器绳围绕限速器轮和张紧轮形成一个封闭的环路。

向限速器钢丝绳施加一个向下的拉力以加大钢丝绳与限速器轮间的摩擦力，并且可以自动调节钢丝绳张紧度。张紧装置下侧安装有张紧开关，当钢丝绳的伸长量过大或发生断绳，张紧轮在重锤的作用下碰触张紧开关，使电梯断电停止运行。

（2）安全钳

安全钳是电梯设备的重要安全装置，是电梯增强安全保护功能的重要组成部分，一般安装在电梯轿厢两侧的下部。除 GB 7588—2003《电梯制造与安装安全规范》规定的一些特殊情况也需设置安全钳外，一般只设轿厢安全钳。安全钳在限速器的操作下，使电梯轿厢紧急制停夹持在导轨上的安全装置，安全钳楔块与导轨之间的距离为 4 ~ 5 mm。

安全钳分瞬时式和渐进式安全钳。当电梯下行速度超过限定值，限速器动作，卡住限速器钢丝绳，钢丝绳通过连杆机构将安全钳的动作杆提升；可动楔块随着动作杆一起被提升，并接触导轨，在摩擦力的作用下，可动楔块继续上升，直至顶住钳座上端，同时挤压导轨。动作杆被提升的同时带动轴组件旋转，触发另一侧的可动楔块，从而实现两侧钳座的同时动作。轴组件在旋转过程中还会触发开关组件，切断回路电源。导轨在可动楔块的挤压下，与固定楔块产生摩擦，并且挤压固定楔块，导致碟形弹簧被压缩，从而使制动力逐渐增大，直至稳定。电梯轿厢在摩擦力的作用下，以规定的减速度下滑，直至停止。

安全钳复位：故障解除之后短接安全钳电气开关，检修操纵电梯上行，即可使可动楔块回复到原位，然后将开关组件复位并检查相关部件即可。

（3）上行超速保护

上行超速保护装置按作用位置分：导轨上的对重安全钳和轿厢上行安全钳；钢丝绳上的，例如夹绳器；作用在曳引轮或最靠近曳引轮的曳引轮轴上的制动器的，例如永磁同步曳引机。

永磁同步电动机驱动的无齿轮曳引机。将永磁同步电机的三相绕组短接，使电动机内三相绕组线形成一个独立的电气回路。当运行的曳引机因失电而停止运行时，假使制动器由于某种原因不能将电梯制停，电梯在原有初速度并失去驱动转矩，对重侧由于重力的作用做自由落体运动，进而引起电梯上行超速。此时，电梯将带动永磁同步电机旋转，使电动机内静止的三相绕组线切割磁感线产生感应电动势，这时星型接触器已将三相绕组线短接而在电动机内部形成了一个独立的电气回路，在电枢绕组回路中引起感应电流，该电流在电动机永磁体磁场作用下产生电力矩，带动电枢绕组随永磁体一起旋转。同时，该力矩的反力矩作用在转子永磁体上，使转子永磁体与转子电绕组一起停止运转，故超速是不可能发生的。

（4）制动器

当电梯处于静止状态时，电磁线圈中均无电流通过，这时因电磁铁芯间没有吸引力、制动瓦块在制动弹簧压力作用下，将制动轮抱紧，保证电机不旋转；当曳引机通电旋转的瞬间，制动电磁线圈同时通上电流，电磁铁芯迅速磁化吸合，带动制动臂使其制动弹簧受作用力，制动瓦块张开，与制动轮完全脱离，电梯得以运行；当电梯轿厢到达所需停站时，曳引机失电、制动电磁铁中的线圈也同时失电，电磁铁芯中的磁力迅速消失，铁芯在制动弹簧的作用下通过制动臂复位，使制动瓦块再次将制动轮抱住，电梯停止工作。

正常情况下制动器闸瓦厚度为 6 mm，当闸瓦厚度小于 4.5 mm 时需更换。松闸时，制动器闸瓦和制动轮之间的间隙要均匀且不大于 0.1 ~ 0.12 mm。

（5）光幕及安全触板

在轿门两侧对应安装红外线发射装置和接收装置。当乘客或物品将光线遮住，门便自动开启。但红外光幕受强光干扰或尘埃附着的影响产生不灵敏或误动作，因此常与安全触板组合使用。

在轿门边沿上,装有活动的在轿门关闭的运行方向上超前伸出一定距离的安全触板,当乘客或物体碰触安全触板时,通过与安全触板相连的连杆机构使装在轿门上的微动开关动作,立即切断电梯的关门电路并接通开门电路,使轿门立即开启,安全触板碰撞力应不大于 5 N。

二合一光幕是光幕和安全触板的集成体,二者功能均具备。

(6)防扒门装置

防扒门装置又叫轿门锁紧装置,防止轿门在非平层位置打开的机械装置。

(7)过载保护

电梯有灵敏的称重装置,当载荷到达 110% 时,电梯会发出声、光警示,不能关门及运行,直至载荷降至额定载重以下为止。

(8)端站保护开关

电梯井道上部和下部共有两组保护开关,每组各 4 个。从上到下分别为上端极限开关、上端限位开关、上端强迫减速开关、上端减速开关、下端减速开关、下端强迫减速开关、下端限位开关、下端极限开关。

a. 减速开关:电梯减速。开关动作后,实施换速指令,电梯减速。

b. 强迫减速开关:强迫电梯减速。

c. 限位开关:当轿厢通过强迫减速开关继续向下运行触动下限位开关时,立即切断方向控制电路使电梯停止运行。但此时仅仅防止向下运行(危险方向),电梯仍然能向上运行(安全方向)。

d. 极限开关:防止电梯出现冲顶及撞底现象。就是当电梯强迫减速开关不好,限位开关不起作用的情况下,当电梯碰到极限开关时,极限开关动作,切断安全回路,使电梯停止运行。

(9)轿厢固定装置

当对无机房电梯的曳引机和控制柜进行维修保养时,由于操作人员是站在井道内的轿顶上而非机房地面,因此轿厢应该以机械方式固定在导轨上,该装置位于轿顶上靠曳引机的一侧。

(10)缓冲器

缓冲器位于井道底部,轿厢底部有 1 个,对重底部有 1 个。电梯常见的缓冲器分弹簧缓冲器和液压缓冲器两种。液压缓冲器也称耗能式缓冲器。液压缓冲器适用于所有电梯。

弹簧缓冲器也称储能式缓冲器,由缓冲橡皮、缓冲座、弹簧、弹簧座组成,适用于额定速度不大于 1.0 m/s 的低速电梯。

液压缓冲器:当受到轿厢或对重的高速撞击时,液压油将大部分动能转化成热能,从而大大减小撞击冲击力,降低了使电梯遭受严重破损、使电梯乘客受到致命伤害的可能性。其主要零部件有油缸、柱塞、衬套、控制杆、缓冲橡胶、复位弹簧组成。柱塞下端设有节流孔,带有多级不同斜度锥面的控制杆上部插在节流孔中。

轿厢(或对重)失控下坠后首先撞击装在柱塞上端的缓冲橡胶;然后压至柱塞,使柱塞渐渐下降,油缸中的油从节流孔喷射至柱塞腔中,由于节流孔的阻尼作用,将轿厢(或对重)的动能转化为油的热能,使轿厢(或对重)减速,直至停止在缓冲器上;在缓冲动作完成、轿厢(或对重)被抬起后,在复位弹簧的作用下,柱塞将在规定时间(国标要求 120 s)内恢复到正常位置,柱塞腔中的油流回油缸,为下一次缓冲做好准备。

轿厢在两端站平层位置时,轿厢、对重装置的撞板与缓冲器顶面间的距离,耗能型缓冲器应为 150 ~ 400 mm,蓄能型缓冲器应为 200 ~ 350 mm,且同一基础上的两个缓冲器顶部与轿底对应距离差不大于 2 mm。

2. 自动扶梯的安全装置

(1)工作制动器

工作制动器是自动扶梯正常停车时使用的制动器,这类制动器应持续通电保持正常释放。在电路断开后,制动器应立即制动,扶梯停止运行。

(2)附加制动器

所有自动扶梯均装设附加制动器,附加制动器是机械摩擦式的。在单独制动扶梯时,不允许出现倒转。

(3)超速保护装置

在扶梯超速至 1.15 倍时,工作制动器动作;当扶梯超速至 1.3 倍时,附加制动器动作使扶梯停止。

(4)意外逆转保护

在扶梯速度降低至额定速度的 20% 时,工作制动器动作。扶梯一旦出现逆转方向运行,在其速度减为 0 之前,附加制动器动作就会使扶梯停止。

(5)梯级链保护装置

该装置在梯级链过度伸长或不正常收紧或破断时能使扶梯停止。自动扶梯配有安全开关监视张紧装置工作。梯级链张紧装置安装于扶梯下部主桁架内,通过可拆卸层板使其易于接近。链条张紧装置有安全触点。一旦链条拉长过度能立即切断控制电路,使扶梯处于完全停止状态。

(6)扶手带断带保护装置

每条扶手带都安装保护装置,在扶手带破断时使扶梯停止运行。每个扶手带有一个单独的监控单元,监控扶手带的长度/松弛度。装置安装在扶梯中间段位置,由一个滚轮、动作杆和重锤组成。当扶手带断带或伸长,滚轮没有扶手带的支持,在重锤重力的作用下,带动动作杆使开关动作。

(7)扶手带速度监控装置

扶手带速度监控装置位于扶梯中间段位置,在扶手带断带装置的滚轮上安装了速度检测探头,以此来传递速度信号。扶手带与梯级的速度差不允许超出 0 ~ 2% 的范围。

(8)扶手带入口保护装置

扶手带入口保护装置减少了异物夹在扶手带转向端和盖板之间的风险。扶手带和翻板系统的间隙仅约 5 mm。翻板系统由一前一后两个翻板组成。外翻板比内翻板离扶手带更远。外翻板与扶手带的间隙允许一个手指打开内翻板。

在正常位置时,外翻板配有一根防止误动作的棒。当内翻板打开时,外翻板的棒释放,安全开关动作使电梯停止。外翻板张开以防止在制动器动作同时扶手带入口异常进入物体受挤压。

（9）梳齿板安全开关

能在水平和垂直两个方向进行保护，用于监控可移动的梳齿板的状态。监控梯级的碰撞，并停止驱动系统。扶梯上下水平段处各有 4 个开关，一对水平开关，一对垂直开关。

水平开关在活动前沿板下左右两侧，梳齿板固定在活动前沿板上，当梳齿板被大于 500 N 的力作用，则带动活动前沿板前后动作，从而碰触开关，使扶梯停止。

垂直开关在左右裙板内，当梳齿板被垂直向上大于 680 N 的力作用时，带动活动前沿板垂直动作，从而触碰开关，使扶梯停止。

（10）梯级塌陷保护

梯级任何一部分下陷，能使扶梯停止。梯级运行监控装置安装在上下端站前的梯级内，并在梯级或滚轮损坏时关闭驱动装置。在开关轴上，安装有 1 个检测触头。一旦梯级撞到其检测触头，开关轴将旋转并触发安全开关。

（11）梯级缺失安全装置

梯级上下回转处各设有 1 处。检测装置为光扫描器。若有梯级缺失，应在缺口从梳齿板位置出现前停止扶梯。测试该装置是否正常工作，拆移 2 个连续的梯级，开启扶梯，当梯级缺失位置运行到检测器处，扶梯停止。

（12）裙板安全保护装置

该装置是一种装在围裙板之后的安全保护微动开关。自动扶梯正常工作时，围裙板与梯级间保持一定间隙，单边间隙不大于 4 mm，两边间隙之和不大于 7 mm。当有异物卡入梯级与裙板之间，使裙板受到异常压力时，扶梯停止。

（13）驱动链破断保护装置

驱动链过度松弛时使扶梯停止或不能起动；驱动链破断时使附加制动器动作，使扶梯停止。当驱动链过于松弛或断链时，驱动链监控装置动作。

驱动链检测开关安装在扶梯上端驱动链旁，如果驱动链下垂量超过标准范围 10 ~ 20 mm，该装置检测不到信号，扶梯立即停止。

检测装置与驱动链之间的距离为 4 ~ 5 mm。

（14）裙板防护

在裙板的适当位置装毛刷，毛刷防止乘客无意接触裙板。采用双排结构的毛刷，毛刷密度达到不透光的原则，底座材质为铝合金，可拆卸长度与每块裙板同长。

（15）急停开关

驱动站、转向站、上下水平端部都设有急停开关。当人员到机室作业时，都需将机室中的急停开关按下（需手动复位）；当扶梯运行当中出现险情时则需按下上、下水平端的急停开关（自动复位）。开关动作可以切断安全回路，使驱动主机失电，工作制动器动作。当自动扶梯高度大于 12 m 时倾斜部分的合适位置附加一个急停开关。

（16）电机保护

当电扶梯配电回路过载或短路而产生过电流时，使扶梯停止。

（17）供电系统断相、错相保护装置及接地故障保护

在扶梯运行时发生错相、断相或接地时，使扶梯停止；在扶梯静止时发生错相、断相或接地时，使扶梯不能启动。

（18）梯级防跳

在物体陷入两个连续梯级之间时使扶梯停止，开关安装在转弯段的梯级导轨内。

（19）盖板安全开关

盖板下方有盖板检测开关，上下机室各一个。盖板打开时扶梯停止运行，只能用维修控制盒操纵。

（20）梯级链张紧安全开关

当张紧站向前或向后移动大于6 mm时，开关动作，使扶梯停止；链条张紧压缩弹簧左右两边长度位置一致；检查张紧开关是否正常，按下安全开关的细小金属推杆，利用检修盒启动自动扶梯。若扶梯不运行，则开关正常。拉起金属推杆让其复位，再次利用检修盒启动扶梯，若扶梯运动，则开关正常。

开关滚轮与使之动作的部件，之间的间隙是1 mm。

3. 楼梯升降机的安全装置

①侧面挡板

位于平台两侧的侧面挡板属于升降平台的基本元件，同时也是安全开关，在上下行运动中起防剪防撞功能。一旦楼梯升降机平台的移动路径中有障碍物，该装置能停止楼梯升降机运行。

②载荷控制

一旦发生碰撞或有载荷施加到平台电动挡板上，载荷传感器将探测到此载荷，若此载荷超过预设值，将停止楼梯升降机运行。

③急停装置

楼梯升降机机身上和地面呼梯按钮盒上有红色蘑菇头型按钮，按压此按钮，可急停升降机运行。

④超速保护装置

若楼梯升降机平台发生机械故障，使其下行速度超过预设限速，限速器将直接触动制动器，从而使楼梯升降机平台停止运行。

4.1.4 电扶梯开关梯流程及注意事项

开关梯流程

1. 垂直电梯

①开启运行

在电梯的基站用电梯的专用钥匙将电梯锁拧至开启位置。

②启动检查

a. 轿厢及厅门地坎是否有杂物。

b. 厅门和桥门的开关是否平稳及有无异常声音。

c. 安全触板光幕等是否正常。

d. 电梯的起、停及运行有否异常。

e. 乘客使用的紧急装置（对讲机、紧急灯、警铃等）是否损坏。

f. 平层时桥厢与层楼的地坎是否有很大的差距。

g. 各按钮动作是否正确及确实有效。

h. 电梯安全检验合格证及使用须知是否缺失。

③停止运行

a. 在电梯的基站用电梯的专用钥匙将电梯锁拧至停止位置。

b. 电梯在接收到锁梯信号后,将不再响应其余呼梯信号,直接进入基站,打开门后电梯将关门,停止运行。

注意事项:操作人员应确认锁梯后轿厢正常返回基站开门轿内无人,关门后才能离开,防止误困人。

2. 自动扶梯

①启动检查

a. 检查合格证等安全标识,目视检查自动扶梯上所有的安全信息标识有无缺失、损坏、是否清晰可辨,缺失或者不能读取的,须及时更换。

b. 检查自动扶梯梯级、扶手、梳齿或裙板部分,除去夹在里面的碎纸、小石子、口香糖等。

c. 确认自动扶梯周围的安全设施(三角区的护板、防止进入的栅栏、隔板及防护网)有无破损等异状。

d. 确认自动扶梯梯级上没人或其他可影响扶梯运行的物件。

②启动运行

a. 操作人员站在盖板或空地上,保证自己安全前提下一只手用来旋转钥匙开关,另一只手准备按紧急停止按钮中止启动过程。

b. 自动扶梯的上下端入梯口处有一个带标记的上行—下行钥匙开关、手动—自动及红底白字的"STOP"急停开关;将专用钥匙插入钥匙孔按照要求转动,启动扶梯后将钥匙从钥匙开关拔出并收好。

c. 在开梯过程中操作人员没有站稳或有乘客突然闯入正在启动或将要启动的扶梯时,请按紧急停机按钮使扶梯停止运行;有异响或振动时,请按紧急停机按钮使扶梯停止运行。

d. 检查实际运行方向是否与钥匙开关上的指示方向一致,交通灯方向是否一致,上下端出入口处交通灯能正常地工作并显示正确的信息,能清晰明亮可见可读。

e. 节能速度选择。将钥匙插入手动、自动选择钥匙开关选择手动或自动运行模式,旋转 1 s 后松开,钥匙自动回到中间位置后拔出钥匙并收好,完成功能选择。选择自动模式,启动后,自动扶梯上无乘客 30 s(时间可调)后,自动转入节能速度。

③停止运行

a. 在停止自动扶梯之前,应确认梯级上没有乘客,或请用护栏将自动扶梯的上下两个出入口封闭,防止乘客进入。

b. 当操作人员确定扶梯中没有乘客使用扶梯时,请将钥匙插入钥匙开关转动到停止位置,扶梯得到钥匙开关指令后停梯。确定停梯后拔出钥匙开关并收好完成停梯任务。

④转换运行方向

a. 按照正常停梯步骤停止扶梯运行。

b. 待自动扶梯完全停止后,按照需要改变的方向插入钥匙扭动,再重新启动自动扶梯。

⑤紧急停止

a. 在自动扶梯上发生跌倒等紧急情况时,则用力按下最近的紧急停止按钮。

b. 在重新启动自动扶梯之前要确认造成紧急情况的原因并排除。

注意事项:

a. 特种设备操作需持特种设备作业人员证上岗。

b. 开关梯前必须确认梯级上无乘客。

c. 操作者对非紧急情况下的所有停梯必须严格按照操作顺序停梯。

3. 楼梯升降机

①将控制柜电源合闸,使用无线遥控器操作楼梯升降机。

②利用控制杠杆激活上或下运行,将升降机运行至乘客所在位置,再激活放下,并按压控制面板急停按钮,使乘客上平台。

③恢复急停后激活上或下运行,运行时,提示楼梯上的人员注意。

④升降机到达目的地后停止运行,按压控制面板急停按钮,让乘客从平台下来。

⑤恢复急停后激活收起,断开控制柜电源。

4.1.5 电扶梯巡检流程、标准及注意事项

1. 电扶梯巡检流程

①巡检前检查工装、工牌、劳保佩戴情况。

②准备巡检工具包,带齐相关工器具、通信工具及巡检记录本。

③到巡视车站车控室登记请点,待车站人员确认后进行巡检,注意巡检质量和时间。

④开始设备巡检,填写巡检记录本。

⑤巡检中发现问题及时告知厂家维修人员前去处理,并跟踪处理进度。

⑥发现设备存在安全隐患及时停止运行,现场做好防护并通知维修人员。

⑦巡检完毕后,到车控室销点。

2. 电扶梯巡检标准

①垂直电梯巡检标准

垂直电梯巡检标准见表4.5所示。

表4.5　垂直电梯巡检标准

巡检内容	标准
开、关门是否正常	正常、顺畅
轿门有无异常声响或损伤	顺畅无撞击、异响、无损伤
轿门安全触板、光幕或光电等开关门安全保护装置是否有效	功能齐全有效
地坎槽内是否有垃圾异物	无异物
外召按钮是否有效和完好	功能有效、完好
外召显示器有无异常	显示正常

巡检内容	标准
轿壁、轿门、吊顶有无脏物或损伤	无异物、损伤
地板有无脏物或损伤	无异物、损伤
操纵盘及按钮有无损伤或异常	安装紧固、功能正常、无损伤
轿内显示器有无残缺字或异常	显示正常
轿厢照明装置是否有效	照明正常
轿厢通风装置有无异常	风扇正常运转
电梯使用标志,乘客使用须知是否设置	在合格有效期内,张贴完好
轿厢通话装置及视频监控是否有效	功能有效
警铃是否正常	有效、声音大小合适
轿厢紧急报警装置是否有效	功能有效
起制动是否正常	可靠制动
运行中有无异常噪声、异常震动或异味	无明显振动异响、异味
平层状态是否正常	不大于 5 mm
各层站的侯梯厅区域卫生状况是否良好	卫生良好无异味
安全警示标志是否齐全并有效设置	安全标志齐全、无破损
机房门、窗、通风及照明设备是否良好有效,机房通道是否畅通	照明、通风良好、通道畅通

②自动扶梯巡检标准

自动扶梯巡检标准见表4.6。

表4.6　自动扶梯巡检标准

巡检内容	标准
运行指示灯(如果有)显示是否正常	显示正常,方向正确
运行有无异常噪声、震动,剐蹭	平稳无振动、无异响
设备及其周围的卫生是否良好	卫生良好
扶手带运行速度是否正常,有无毛刺和机械损伤	速度正常、完好
扶手栏杆和玻璃是否牢固可靠及完好无损,扶手照明(如果有)是否正常	牢固、正常
扶手带开口与导轨间有无异物	无异物、异响
梯级齿槽内有无硬质杂物	无变形、异物
梯级或踏板是否有缺损、裂纹,梯级或踏板之间间隙是否正常	完好、间隙正常

续表

巡检内容	标准
围裙板及内外盖板链接是否牢固,凸台或间隙有无异常	牢固、无毛刺、间隙正常
围裙板防夹装置(如果有)是否缺损,固定是否可靠	完好、牢固
梯级或踏板与围裙板间隙是否正常	间隙正常
梯级或踏板是否清洁、无油污	清洁无油污
扶手带入口处保护装置动作是否灵活、可靠	动作灵活、功能正常
楼层板及梳齿板支撑板是否清洁、无油污,楼层盖板是否固定可靠	清洁无油污、安装牢固
出入口是否便于疏散通常且不被占用	通道畅通
待机运行的设备,入口处的检测装置(如果有)是否可靠正常	功能正常、灵敏
停止开关、钥匙启动开关功能是否正常	功能正常、标识清晰
梳齿板是否完好无损	无损伤缺齿,安装牢固
检查防爬装置(如果有)及交叉处的垂直防护挡板是否设置及完好	完好、牢固
检查阻挡装置和防滑行装置(如果有)是否设置完好	完好、牢固
检查电梯使用标志,安全警示标志是否设置完好	在合格有效期内,张贴完好

③楼梯升降机巡检标准

楼梯升降机巡检标准见表4.7。

表4.7　楼梯升降机巡检标准

巡检内容	标准
检查整体外观情况	导轨间接口应平滑,导轨、立柱及轮椅平台表面无损伤、划痕
检查操作开关、按钮情况	开关灵活、按钮完好
检查导轨卫生情况	无异物油泥
检查运行指示灯及其蜂鸣器	显示正常、鸣响正常
检查运行情况	运行良好,无震动,无异响

3.安全注意事项

①电扶梯设备属于特种设备,操作人员需持《特种设备作业人员证》上岗。上岗后的操作人员可对电扶梯进行操作、检修。

②发现电梯存在事故隐患或其他不安全因素,或者遇有火灾、地震等影响电梯运行的

突发性事件时,应当迅速采取措施,停止电梯运行,立即报告电梯使用单位负责人。

③发现电梯运行不正常时,按照操作规程采取相应措施。

④接到故障或困人报警后,立即赶赴现场,组织实施救援。

4.1.6 检修垂直电梯进出轿顶、底坑流程及注意事项

进出轿顶
操作流程

1. 进出轿顶流程及注意事项(以无机房电梯为例)

①进入轿顶

在电梯层门处设置防护围栏。将电梯轿厢升至顶层,打开外召盒,按压急停按钮后,测试呼梯按钮,验证急停验证检修状态,是否显示"检修"两字。按动运行向下按钮,移动轿厢至轿顶与厅门地坎面高度相差400 mm左右。验证门回路,打开并保持层门常开,按压外召盒内运行向下按钮,轿厢不发生移动。打开层门,按压轿顶急停,关闭层门后恢复外召盒自动运行状态,按压呼梯按钮,验证轿顶急停是否正常,打开层门,恢复轿顶急停,按压检修盒急停,关闭层门后按压呼梯按钮,验证检修盒急停是否正常,打开层门,将检修盒打至检修状态,恢复检修盒急停,验证检修面板是否显示"检修"。关闭外召盒面板。打开层门,按压轿顶急停后进入轿顶并关闭层门。

②出轿顶

移动轿厢至轿顶与厅门地坎面高度相差400 mm左右,按压轿顶急停,打开层门,保持开启状态,将检修盒打至自动状态。出清人员工器具,恢复轿顶急停,关闭厅门。利用外召盒将轿厢检修平层。恢复自动状态。电梯恢复正常后,试运行,无异常后撤去安全围栏。

③注意事项

a. 确定轿厢位置;验证安全回路。

b. 身体任何部位不能超出安全护栏。

c. 一人操作,一人监护。

2. 进出底坑流程及注意事项

①进入底坑

在电梯层门处设置防护围栏。将轿厢召唤至次高层,用三角钥匙打开层门,开门宽度不超过两肩之宽,查看轿厢位置。用门阻器卡住层门,侧身进入井道按压高位急停,随后进入底坑并按压底坑急停,打开底坑照明。

②出底坑

打开层门并保持常开状态,出清工器具,关闭底坑照明,恢复底坑急停开关,利用爬梯退出底坑后恢复高位急停开关,撤去门阻器,关闭层门,撤去防护围栏。

③注意事项

a. 打开厅门时稳定重心。

b. 出地坑后擦干净脚底油污。

c. 一人操作,一人监护。

4.1.7　电扶梯检修项目及注意事项

1.垂直电梯检修项目及注意事项

①电气回路及元器件

a.检查元器件是否清洁、无破损和腐蚀。

b.测量绝缘电阻,动力电路不小于0.5 MΩ,控制电路不小于0.25 MΩ。

②层站控制面板

a.检查面板能平滑开启,并能可靠闭锁。

b.检查控制面板上的按钮、开关功能正常。

③控制屏

a.检查接触器的表面是否有锈蚀或电弧烧灼迹象。

b.检查接触器的导线是否有断裂迹象。

c.检查各接线端子、插件是否松动。

d.使控制屏内清洁、干燥。

e.检查控制屏内通风是否正常。

f.记录电梯运行次数,检查蓄电池充放电回路,确认蓄电池工作电压正常。

④紧急停止装置

a.运行电梯,并确认在按动紧急停止装置后电梯停止。

b.按动紧急停止装置并确认上行UP和下行DN按钮无效。

⑤曳引机

a.检查噪声和振动情况。

b.检查曳引机机座机周边安装螺栓紧固情况。

c.检查是否所有的绳槽磨损情况。

d.检查曳引轮的润滑状态,检查编码器情况。

e.检查所有电气连接的牢固性。

f.检查电机电源接线是否牢固。

⑥制动器

a.检查制动闸瓦是否异常磨损。

b.松闸时制动轮与闸瓦表面不发生摩擦,间隙均匀且不大于0.7 mm。

c.检查并清洁制动轮、禁止油或异物粘上制动轮表面。

d.检查制动器的制停状态和触点打开及闭合是否灵活可靠。

⑦限速器—安全钳

a.限速器封记应完好。

b.限速器钢丝绳与安全钳拉杆连接牢固。

c.安全钳电气开关应在安全钳楔块动作之前或同时动作。

d.限速器、安全钳联动试验正常。试验结束后,应检查轿厢及导轨,确认无异常后方可恢复电梯运行。

⑧终端开关

a.检查当下限位开关 DL 动作时,轿厢不能继续向下运行,但能反向向上运行。

b.检查当下极限开关 DOT 动作时,轿厢安全回路断开,电梯无法运行。

c.检查当上限位开关 UL 动作时,轿厢不能继续向上运行,但能反向向下运行。

d.检查当上极限开关 UOT 动作时,轿厢安全回路断开,电梯无法运行。

e.确认限位和极限开关动作位置良好,越层距离应为(30±15) mm。

⑨轿厢架

a.检查轿厢架及与轿顶、轿底的安装螺栓紧固。

b.检查轿厢架各附件安装螺栓紧固。

c.检查轿厢护脚板固定的牢固性。

d.检查称量装置的功能正常。

⑩曳引钢丝绳

a.检查钢丝绳表面磨损、断丝断股情况。

b.检查电梯制动时钢丝绳应无打滑情况。

c.检查张紧力是否均匀。

⑪导轨及支架

a.检查导轨连接螺栓紧固度,接缝平整。

b.检查导轨间距是否标准。

c.清洁和润滑导轨。

⑫对重及导靴

a.检查导靴靴衬的磨损情况,必要时进行更换。

b.检查靴衬与导轨间隙,必要时进行调整。

c.检查对重块的固定情况,压板是否安全可靠。

d.检查对重块是否变形、开裂异常情况。

⑬随行电缆

a.检查电缆表面的磨损和变形情况。

b.检查电缆终端的可靠固定。

c.随行电缆应避免与井道内其他装置干涉,当轿厢缓冲器完全压缩后随行电缆离地距离不小于 60 mm,不得与地面和轿厢边框接触。

⑭缓冲器

a.检查缓冲器螺栓固定牢固。

b.检查缓冲器复位开关动作后确认轿厢不能运行。

c.检查是否漏油。

d.耗能型缓冲器动作后应能在标准时间内复位。

⑮限速器钢丝绳张紧装置

a.确认限速器张紧开能正常动作。

b.确认张紧装置的开关动作时,轿厢停止运行。

⑯导向轮和反绳轮

a.检查绳轮运转时无异常噪声,对轴承进行必要的润滑作业。

b.检查绳轮绳槽无异常磨损情况。

c.检查绳轮的螺丝固定情况。

d.确认钢丝绳防跳装置间隙正常。

⑰层轿门

a.检查门板有无破损。

b.检查开关门过程平稳运行,有无异常噪声和磨损。

c.检查门传动皮带张力。

d.确认层轿门联锁功能正常可靠。

e.检查门保护装置的功能正常。

f.清洁地坎和门机导轨。

g.轿门门刀与各层地坎的间隙为7~9 mm。门锁紧元件的最小啮合长度为7 mm。各层层门地坎至轿门地坎的水平偏差不应大于±30 mm。层门的门扇与门套、门扇与门扇之间的间隙,客梯不大于6 mm,货梯不大于8 mm。

⑱限速器及其钢丝绳

a.检查限速器轮的磨损和转动噪声。

b.检查限速器轴销部润滑。

c.检查限速器电气开关触点及接线正常。

d.若钢丝绳上油泥异物较多,则需清洁钢丝绳。

⑲底坑环境

a.导轨积油盒应齐全,及时清理导轨底部过多的油料。

b.检查对重防护栅栏固定良好无破损。

c.底坑无积水、渗水及杂物。

d.救援用重块和挂钩应整齐摆放在轿厢投影以外的位置。

⑳注意事项

a.在首层及轿厢内放置"电梯检修"的警示牌,必要时每层均放置。

b.人员着装整齐,系好衣扣及袖口,不允许穿拖鞋和凉鞋工作。

c.作前严禁饮酒,工作中严禁吸烟。

d.检修时严禁快车运行。

e.禁止单人作业,作业中注意联络复唱。

f.进入轿顶前稳定重心,确认轿厢位置。

g.进入轿顶后,身体各部位不准超出护栏,且不倚靠护栏。

2.自动扶梯检修项目及注意事项

①电气回路及元器件

a.检查元器件是否清洁、无破损和腐蚀。

b.测量绝缘电阻,动力电路不小于0.5 MΩ,控制电路不小于0.25 MΩ。

c.检查接触器的表面是否有锈蚀或电弧烧灼迹象。

d.检查接触器的导线是否有断裂迹象。

e.检查各接线端子、插件是否松动。

f. 使控制柜内清洁、干燥。

②上下机室

a. 清扫上下机室卫生，包括集尘盘、积油盒。

b. 检查自动润滑油泵，油位正常，无泄漏，油管滴油位置正确。

c. 检查转向装置是否正常，是否存在异响。

d. 检查张紧装置尺寸是否合适，螺丝是否紧固。

e. 检查主机制动器是否工作正常，制动检测开关、抱闸检测探头位置是否正确，主机固定螺栓是否松动。

f. 检查制动器制动衬厚度不小于 3 mm。

g. 检查制动距离是否满足 0.3～1.3 m。

③安全开关

a. 检查所有的安全开关是否动作正常，清洁开关、感应器卫生，调整相应的间隙尺寸，保证开关在行程内有效。

b. 检查安全开关固定螺栓紧固情况。

④驱动链条

a. 检查各驱动链条张紧度、润滑情况。链条无跳动、无异常磨损及伸长，张紧力合适，用力施加于链条上，形变量在 10～20 mm。

b. 检查下机室张紧弹簧尺寸。

⑤扶手系统

a. 检查扶手带与梯级是否同步运行。

b. 检查扶手带有无明显伤痕及磨损迹象。

c. 检查扶手带张紧度。

d. 检查扶手带带驱动滚轮、从动滚轮，无异响，转动灵活，螺丝固定稳固，滚轮面无龟裂。

e. 清扫扶手带托轮，扶手带入口异物。

⑥梯路系统

a. 梳齿板梳齿与踏板面齿槽，梳齿板完好无损，无断齿、裂纹、无垃圾，螺钉牢固，踏板面齿槽与梳齿啮合深度不小于 6 mm。

b. 梯级与裙板间隙单边不大于 4 mm，两边之和不大于 7 mm。

c. 拆梯级后检查附加制动器动作情况及固定情况。

d. 测试空载下行制动距离。

e. 护壁板紧密牢固，连接处的凸台、缝隙不应大于 4 mm。

⑦注意事项

a. 严禁酒后作业、带病作业、疲劳作业。

b. 维保开始前必须在扶梯梯头、梯尾放置"电梯维修中，禁止进入"的警告护栏。

c. 进入机房维修、保养时应先断开电源并在总电源闸刀处明显位置挂上"电梯检修中严禁合闸"的警告标志，进入自动扶梯桁架内作业前，必须断开电梯的总电源后方可入内。

d. 在桁架内工作时，所带工具及物品应在工作完毕后，仔细清点确认齐全后带出桁架,确认无工具及维保人员全部走出桁架外后,扶梯才可启动运行。

　　e. 电匙必须指定专人操作,其他人不得携带电匙。不操作时,必须把电匙拔出。

　　f. 在准备启动运行自动扶梯时应采取不会被活动部位、旋转部位夹住身体、手、足、物体等姿势。

　　g. 电动运行时操作者应高度留意观察周围情况,经常确认周围安全情况,并保持随时可以紧急停止的姿态。

　　h. 拆开梯级后,需要中断维修作业离开作业现场时,应断开主电源,同时应移动已拆开梯级的开口位置至返回侧,并盖好机房盖板方可离开。

　　i. 出机室后及时清理脚底油污。

3. 楼梯升降机检修工

①检查楼梯升降机外观情况,平稳、无异常响声。

②检查应急手动工具是否完整无缺失。

③清洁导轨,干净无异物。

④验证控制面板、急停功能是否正常。

⑤检查驱动部分润滑情况,电机固定情况。

⑥检查调整限速器、制动器,检查导轨传送齿是否完整无磨损。

⑦检查导轨侧铜条,无锈蚀,接触良好。

⑧检查安全回路开关动作有效性,检查主控线路回路紧固情况。

⑨检查电池固定情况及电压,检查紧急控制器功能。

⑩检查立柱、导轨固定螺栓安装是否牢固无松动、裂痕。

⑪检查升降臂平衡度及升降臂手动释放功能。

⑫检查绝缘电阻值及调整工作平台水平度。

⑬注意事项

　　a. 禁止带电作业。

　　b. 禁止将电池正负极短路。

　　c. 发现电池有漏液、鼓包及时更换。

任务 4.2　屏蔽门

4.2.1　屏蔽门与其他专业的接口划分

　　屏蔽门与其他专业设备接口的划分见表4.8。

表 4.8　屏蔽门与其他专业设备接口划分

项目	接口 1	工作内容	接口 2
屏蔽门与信号系统	屏蔽门	负责屏蔽门 PSC 柜内与信号系统接口端子(包括接线端子排)前的设备维护、维修	信号
屏蔽门与综合监控	屏蔽门	1.负责综合监控设备房接线端子(包括接口光纤或电缆)前的设备维护、维修 2.负责屏蔽门系统至 IBP 盘前的线路、设备维修、维护	综合监控
屏蔽门与低压配电	屏蔽门	负责电源切换箱出线端子(不包括出线端子)后的设备维护、维修	低压配电
屏蔽门与房建结构	屏蔽门	负责排查屏蔽门与房建结构间存在的隐患	房建结构
屏蔽门与车站工作	屏蔽门	1.负责屏蔽门设备日常巡检 2.负责屏蔽门设备计划性保养及故障维修	车站工作

4.2.2　地铁车站形式及屏蔽门系统布置

地铁车站形式一般有以下几种:

1. 岛式

如图 4.4 所示,共布置两侧屏蔽门系统,包括与列车门对应的活动门及固定门、应急门、端头门,还有一个屏蔽门设备室和两个 PSL(屏蔽门站台级操作盘)控制盘。

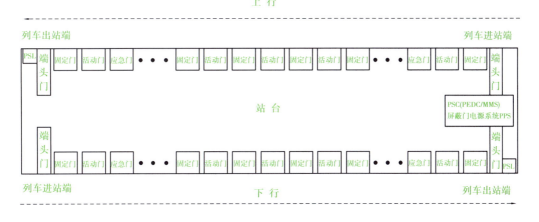

图 4.4　岛式站台屏蔽门系统布置图

2. 侧式

如图 4.5 所示,共布置两侧屏蔽门系统,包括与列车门对应的活动门及固定门、应急门、端头门,还有一个屏蔽门设备室和两个 PSL 控制盘。

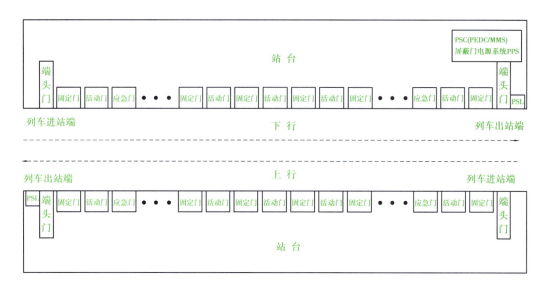

图 4.5　侧式站台屏蔽门系统布置图

3.两岛式

如图 4.6 所示,共布置四侧屏蔽门系统,包括与列车门对应的活动门及固定门、应急门、端头门,还有一个屏蔽门设备室(当有不同系统并行时需两个屏蔽门设备室)和四个 PSL 控制盘。

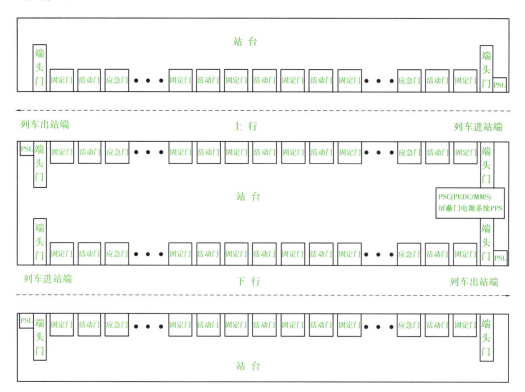

图 4.6　两岛式站台屏蔽门系统布置图

4. 一岛两侧式

如图 4.7 所示,共布置四侧屏蔽门系统,包括与列车门对应的活动门及固定门、应急门、端头门,还有一个屏蔽门设备室(当有不同系统并行时需两个屏蔽门设备室)和四个 PSL 控制盘。

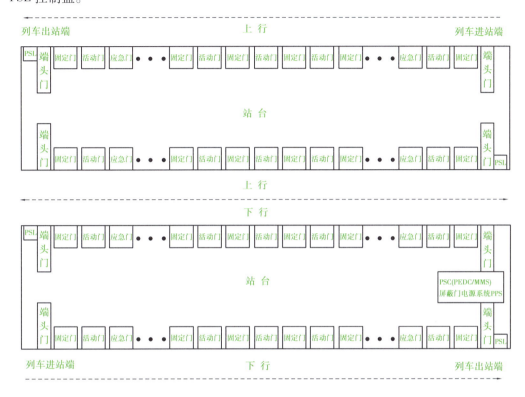

图 4.7　一岛两侧式站台屏蔽门系统布置图

4.2.3　屏蔽门类型及系统构成

1. 屏蔽门按功能分类

地铁屏蔽门按其功能可分为两大类:闭式和开式,闭式屏蔽门也是我们通常所说的屏蔽门,开式屏蔽门即我们通常说的安全门,安全门又有全高和半高两种。

①开式屏蔽门

半高安全屏蔽门主要的作用是保证乘客的安全,高度一般为 1 200 ~ 1 500 mm,由于它不能完全隔绝风和噪声对乘客的影响,因此,这种结构多用在敞开式地面站台或高架站台。全高安全屏蔽门,除具有保证乘客的安全的功能外还能阻挡列车进出站的气流对乘客的影响,高度一般为 2 800 ~ 3 200 mm,这种结构多用于没有空调系统的地下站台。

②闭式屏蔽门

除具有保证乘客的安全的作用外,还具有隔断区间隧道内气流与车站内空调环境之间的冷热气流交换的功能,所以要求屏蔽门的气密性良好,这样才能使车站与区间的热交换减小到最低程度,达到节能的目的。门体高度一般为 2 800 ~ 3 200 mm,这种结构多用于设有空调系统的站台。

2.屏蔽门按材料分类

按屏蔽门主要材料可分为不锈钢屏蔽门、铝合金屏蔽门。铝合金屏蔽门加工制造的工艺性能较好,制造成本相对较低,造型与色彩丰富,外观性能好。不锈钢屏蔽门造型与色彩单一,制造成本相对较高,表面耐划、碰伤性能较好。

3.屏蔽门系统构成

屏蔽门系统由机械和电气两部分构成,机械部分包括门体和门机,电气部分包括供电和控制系统。屏蔽门外观见图4.8至图4.10。

①门体

门体由承重结构、预埋件、门槛、顶箱、滑动门、固定门、应急门和端门组成。屏蔽门门体结构高度约3.5 m(从门槛底部到预埋件顶部)。

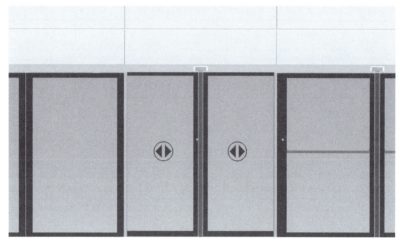

图4.8　典型屏蔽门单元站台侧正面图

图4.9　典型屏蔽门单元轨道侧正面图

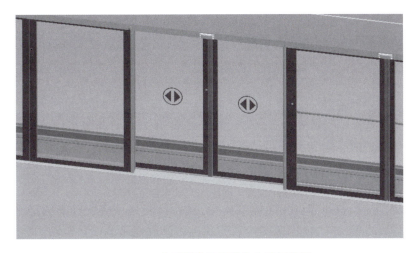

图 4.10　典型屏蔽门单元站台侧侧视图

a.承重结构

地铁屏蔽门按安装与受力方式可分为顶部悬挂式、下部支承式、下部支承与顶部悬挂相结合式三种。屏蔽门三种承重结构见图 4.11。

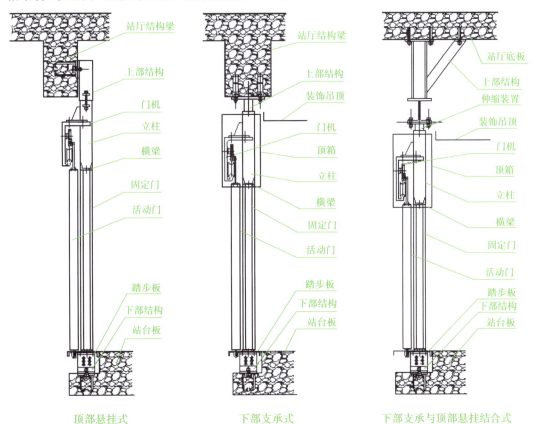

图 4.11　屏蔽门三种承重结构

b.顶部悬挂式屏蔽门

在早期应用较为广泛,整列屏蔽门的重力荷载通过门体上方横梁、立柱传到站厅底板

（或站厅结构梁），由上部（站厅）结构承受。屏蔽门下部边缘与站台之间设计有吸收主体建筑不均匀沉降的间隙，在地铁运营时需定期检查、调整，带来较大维护的工作量，另外，若调整不及时，土建结构沉降时巨大的作用力可能会直接作用在屏蔽门结构上，形成永久变形。因此，此种结构的屏蔽门在各个屏蔽门生产供应商中，较少使用。

c. 下部支承式屏蔽门

它的特点是屏蔽门设计安装以轨道顶面为基准，所有垂直荷载通过横梁、立柱传到站台板上。主体结构的不均匀沉降由屏蔽门上方的伸缩结构吸收，在地铁运营时，无须调整。此种结构是目前普遍采用的屏蔽门结构形式。

d. 下部支承与顶部悬挂结合式

多用在上部结构安装部位无主体结构梁，且站台距站厅底板较高的屏蔽门工程中。屏蔽门顶部设计有钢结构，顶部钢结构重力荷载由站厅底板承受。屏蔽门重力荷载通过立柱等构件传给站台底板，该结构形式多用于旧线改造工程。

②预埋件

每座车站的站台顶梁上均设计有用于安装屏蔽门用的预埋件，端门单元上部及下端由于没有设置预埋件，故端门采用钻孔的方式安装固定屏蔽门。西安地铁 2 号线北大街站在端门处未设置结构梁，将采用钢横梁固定端门。屏蔽门的安装设计及调节装置的设计遵守站台顶梁屏蔽门的预埋件及站台板上预留孔的布置位置。土建上挂梁预埋件见图 4.12。

图 4.12　土建上挂梁预埋件

站台板预留的孔洞在屏蔽门安装完毕后要用素混凝土进行密封。

③门槛

门槛有固定门门槛、应急门门槛、端门门槛和滑动门门槛，门槛沿站台边连续布置。门槛见图 4.13。

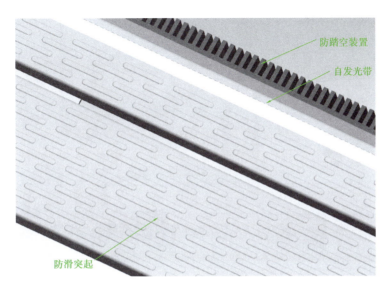

防踏空装置

自发光带

防滑突起

图 4.13　门槛

a. 门槛组成

门槛包括底部支承座、与站台板连接的紧固螺栓、绝缘件以及门槛踏步板。门槛由踏步板基体(Q235B)、外包 1.5 mm 不锈钢板(304L)组合而成,通过上、下绝缘套用螺栓固定在下部支承组件上,且沿站台边为连续布置。由踏步板基体与外包不锈钢板形成的导槽能满足滑动门体运动要求,同时导槽底部开有腰形槽,便于清扫杂物;滑动门与应急门处的门槛踏步面的不锈钢表面采用冲压工艺做防滑处理,防滑板通过背面种焊螺钉固定在踏步板基体上,安装、拆卸、更换方便,且表面不外露螺钉。

b. 门槛的设计能配合固定门、应急门、端门和滑动门及门槛底座的安装。固定门门槛处承受固定门自身重量的垂直荷载;应急门门槛处、滑动门门槛处承受乘客荷载(按 225 kg,即 3 人计),在以上荷载情况下,门槛不会发生非弹性变形且弹性变形量不超过 3 mm。

c. 滑动门门槛结构中有滑动导槽,与滑动门导靴配合滑动自如(门槛导靴见图 4.14),导槽底部开有腰形槽,便于清扫,不藏杂物与灰尘。门槛与滑动门导靴之间摩擦系数不超过 0.2,相对运动时没有明显的摩擦噪声。

导靴倒插在滑动门下滑板上,不需要螺钉,与门槛导槽接触面为完整的导靴面,其结构简单、安装容易、拆卸方便、定位可靠,相对运动时不会有明显的摩擦噪声。

d. 滑动门、应急门门槛采用普通碳素钢门槛结构外包厚 1.5 mm 不锈钢(00Cr18Ni10)的门槛形式,门槛踏步面的不锈钢表面采用冲压工艺做防滑处理,满足耐磨、防滑、美观、安装拆卸方便等要求。

e. 滑动门槛处安装性能优良的自发光灯带,以提醒上下车乘客注意安全。

f. 绝缘件更换

底部绝缘件更换方便,当需要对底部绝缘件进行更换时,用垫块支撑门槛,松开螺栓即可从上 T 型支座 U 型口中取出绝缘套及绝缘垫,将新的绝缘件插入上 T 型支座侧面 U 型口,将螺栓与门槛槽内螺母拧紧即可,底部绝缘套采用 PBT 材料。

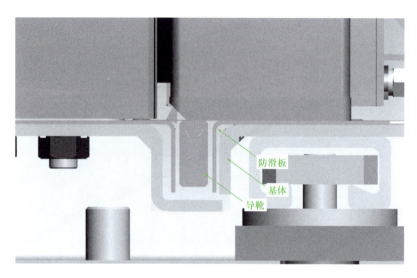

图 4.14　门槛导靴

g. 防踏空装置

安装完成后,屏蔽门门槛距离轨道中心线 1 500 mm,为了减小车辆与屏蔽门间的间隙,防止乘客踏空引起的事故,在屏蔽门滑动门门槛和应急门门槛的轨道侧固定厚度为 40 mm的防踏空橡胶条,橡胶条材质采用难燃、无卤、无放射性成分的材料。

④顶箱

顶箱位于屏蔽门滑动门、固定门、应急门上方,包括顶箱前、后盖板、结构梁、上部与站台顶梁固定的组件、伸缩装置等(顶箱见图4.15)主要功能是为门机提供一个良好的运行环境。

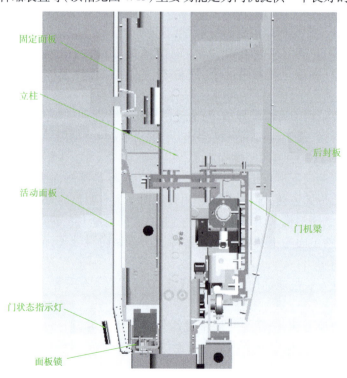

图 4.15　顶箱

顶箱内设置有门单元的驱动电机及传动机构、门锁装置、门控单元(DCU)、配电端子箱、DCU电源开关、导轨、滑动门吊挂件及顶梁等部件。顶箱对上述部件起密封保护作用,顶箱的结构设计及前后盖板能承受正/负向风压荷载并保证密封,顶箱的开启采用滑撑,便于安装调试和维护检修。

⑤门机

门机包括门机梁、电机、减速器和传动装置、门锁、导轨、行程开关以及门机相关的附件(如电源开关、接线端子等),门机系统如图4.16所示。

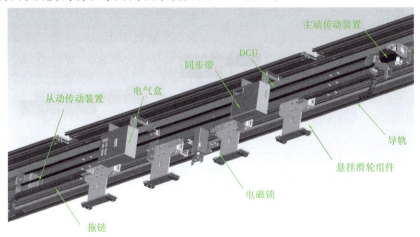

图4.16　门机系统

每个滑动门单元需要一套驱动装置。驱动装置是由直流电机、蜗轮蜗杆减速器、主动和从动同步带轮、同步齿形带防脱装置及电机支架组成。直流电机安装在电机支架上,电机支架通过减震橡胶垫固定在门机梁上,直流电机输出轴通过蜗轮蜗杆减速器输出到主动同步带轮,驱动同步带经刚性连接装置带动滑动门实现开/关门往复运动。直流电机通过安装在电机内的霍尔传感器检测电机的转速,在电机运转时,霍尔传感器所检测到的速度信号能够判断滑动门的位置与运动速度。电源线、霍尔传感信号线以插头、插座的方式与直流电机连接,以实现在维护操作时,能够快速、便捷的拆卸与装配。

4.2.4　屏蔽门的操作及注意事项

1.系统级控制
①适用范围

系统级控制是在正常运行模式下由信号系统直接对屏蔽门进行控制的方式。在系统级控制方式下,列车到站并停在允许的误差范围内时,信号系统向屏蔽门发送开/关门命令,控制命令经信号系统(SIG)发送至屏蔽门单元控制器,单元控制器通过DCU对门体进行实时控制,实现屏蔽门的系统级控制操作。侧式和岛式站台两侧的屏蔽门控制子系统分别与上下行信号系统配合,分别控制两侧的屏蔽门。控制方式满足行车组织的要求。

②操作细述

a.开门操作

信号系统确认列车停在允许范围内时,信号系统通过与屏蔽门单元控制器的接口向屏蔽门控制系统发出开门命令。单元控制器通过点对点的安全回路向每个单元的DCU发送打开屏蔽门的命令,门开启过程顶箱上门状态指示灯闪烁、蜂鸣器报警,全开时门状态指示灯点亮,中央接口盘面板上开门指示灯亮,PSL上ASD/EED关闭且锁紧状态指示灯熄灭。

b.关门操作

列车即将离站时,信号系统通过与屏蔽门单元控制器的接口向屏蔽门控制系统发出关门命令,单元控制器通过点对点的安全回路向相关的每个单元的DCU发送关闭屏蔽门的命令,所有屏蔽门关闭,关门过程中顶箱指示灯闪烁。门关闭后顶箱上指示灯和中央接口盘面板上开门指示灯熄灭,所有门闭后,PSL上ASD/EED关闭且锁紧状态指示灯点亮。单元控制器向信号系统反馈屏蔽门系统的锁闭信号,信号系统接收到屏蔽门锁闭信号后,列车离站。

c.列车乘客门与屏蔽门开关的先后顺序

列车离站时关门顺序由信号卖方、车辆卖方、屏蔽门卖方共同协调,确保列车车门与站台屏蔽门开/关的有效配合。信号卖方、车辆卖方、屏蔽门卖方相互积极配合并提供相关参数和技术支持。屏蔽门的开/关门命令可实现延时,三者协同调试以满足买方对车门与屏蔽门开/关时序的要求。

2.站台级操作

①适用范围

站台级控制是由列车驾驶员或站务人员在站台PSL上对屏蔽门进行开/关门的控制方式。当系统级控制不能正常实现时,如SIG对屏蔽门控制失败等故障状态下,列车驾驶员或站务人员可在PSL上进行开门、关门操作,实现屏蔽门的站台级控制操作。

②操作细述

a.开门操作

列车驾驶员或站务人员用钥匙开关打开PSL上的操作允许开关,此时PSC及PSL面板上"PSL操作指示灯"点亮;列车驾驶员或站务人员在PSL发出开门命令,屏蔽门开始打开,当屏蔽门完全打开后,PSL上ASD/EED关闭且锁紧状态指示熄灭,PSC面板上的开门指示灯点亮。

b.关门操作

列车驾驶员或站务人员在PSL发出关门命令,及PSL上操作状态指示灯点亮,屏蔽门开始关闭,当屏蔽门全部关闭后,PSL上ASD/EED关闭且锁紧状态指示灯点亮,PSC面板上的开门指示灯熄灭。列车驾驶员或站务人员用钥匙开关关闭PSL上的操作允许开关,此时PSC面板上的"PSL操作指示灯"熄灭。

c.门关闭后无法发车

当屏蔽门全部关闭,但因锁闭信号丢失或信号系统无法确认门是否锁闭而不能发车时,由列车驾驶员或站务人员用钥匙开关打开PSL上的操作允许开关,此时PSC面板上的"PSL操作指示灯"点亮;列车驾驶员或站务人员再用钥匙开关在PSL上进行"ASD/EED

互锁解除"的操作,此信号由人工保持至故障修复后,列车驾驶员或站务人员用钥匙开关关闭 PSL 上的"ASD/EED 互锁解除"开关,此时 PSC 面板上的 PSL 操作指示灯熄灭。

3. 就地级操作

当控制电源不能供电或 PEDC 故障时,列车驾驶员或站务人员可在 LCB 上打手动开/关进行开门/关门操作,实现屏蔽门的就地级控制操作,此时,PSC 上的"ASD/EED 手动操作"状态指示灯点亮。

4. 滑动门手动操作

当驱动电源不能供电或个别屏蔽门单元发生故障时,由站台人员或乘客对屏蔽门进行的操作,操作如下:

①站台工作人员在站台侧用三角钥匙或乘客在轨道侧用把手打开屏蔽门。

②手动操作打开滑动门后,如有需要保持滑动门的打开状态,应加强监护,防止乘客跌入轨道。

5. 应急门操作

列车进站后列车门无法对准滑动门时,保证至少有一扇应急门对准列车车门作为乘客的疏散通道。应急操作如下:

①方法一:乘客在轨道侧推压推杆,推杆带动门框内的解锁机构松开应急门的上下门闩,后向站台侧旋转 90°推开应急门。

②方法二:站台人员在站台侧用钥匙打开应急门的门闩,后向站台侧旋转 90°推开应急门。

③注意:每侧应急门有 6 道,门框上装有闭门器,使用后站台工作人员应确保应急门手动关闭,防止乘客跌入轨道。

6. 端门操作

端门是列车在区间隧道火灾或故障时列车停在隧道内,乘客从列车端门下到隧道后疏散到站台的通道,也是车站人员进出隧道、进行维修的通道。端门操作如下:

①方法一:在轨道侧推压推杆,推杆带动门框内的解锁机构松开端门的上下门闩,后向站台侧旋转 90°推开端门。

②方法二:站台人员在站台侧用钥匙打开端门的门闩,拉门把手后向站台侧旋转 90°推开端门。

操作端门时,还需注意以下几点:

①每道端门只有一扇活动门扇,门框上装有闭锁器,闭锁器具有足够大的力,保证端门在手动开启后,开度小于 90°时能够自动复位关闭。

②所有员工使用端门通道后必须确保关闭,防止乘客误入轨道侧。

7. 故障门单元旁路操作

当某一门单元控制或电机出现故障,导致无法打开或关闭时,为了使它不影响整列屏蔽门的控制,将该门从屏蔽门系统中隔离出来,转为隔离模式。具体操作如下:

①屏蔽门在关闭状态下,将模式开关旋钮转向"手动关"位置。

②在故障门前设置安全防护围栏,站台工作人员加强监护。

8. 火灾模式下的操作

火灾发生时,应按照火灾模式进行相应操作,具体操作如下:

①当车站站台发生火灾时，应在 IBP 盘上使用专用钥匙打允许，按开门按钮开门，配合站台排烟。

②列车在隧道内发生火灾时，尽可能驶向前方车站停车疏散乘客，在列车进站前与车站值班人员联系，打开所有滑动门配合乘客到站后迅速疏散。

③列车在区间隧道内发生火灾或因故障无法继续行驶到前方车站时，站务人员打开站台端门配合隧道内乘客迅速疏散到车站站台。

4.2.5　屏蔽门巡检流程、标准及注意事项

1. 巡检流程

①巡检前检查工装、工牌、劳保佩戴情况。

②准备巡检工具包，带齐相关工器具、手持台。

③到巡视车站车控室登记请点，待客运人员确认后进行巡检，注意巡检质量和时间。

④开始设备巡检，根据巡检情况填写巡检记录本。

⑤巡检中发现问题及时处理，无法处理的告知厂家维修人员前去处理，并跟踪处理进度。

⑥巡检完毕后，到车控室销点。

2. 巡检标准

①目的

巡检是通过观察设备运行状态，与标准常态比较，及早发现异常运行状态，及时将故障解决于发生的初期，尽量避免故障后维修。

②巡检方式

巡检以"望、闻、问、摸、嗅"巡视为主要手段，必要时使用专用仪器或设备进行检查。

望——用目测观察设备运行是否正常工作。如滑动门开关门情况，门体有无破损变形，设备房配电柜有无报警灯亮，PSA 监控软件有无报警信息等。

闻——用耳听设备运行声音有无异常。如门机内运动噪声是否过大、关门报警声是否正常等。

问——询问站务人员及其他工作人员关于设备的运行情况，是否有故障现象。

摸——用手触摸设备表面温度。如电池表面温度是否正常。

嗅——用鼻嗅，如检查设备房是否有电线烧焦的气味。

3. 安全注意事项

①巡检作业进入设备房前应确认气体灭火在自动位，如设备房门上方喷气指示灯报警则不能进入设备房。在设备房巡检过程中需保持设备房门常开。

②巡检过程中，注意保持与带电物保持一定距离，手腕上不要佩戴金属物品，以免触电。

③设备房内禁止抽烟。

④注意电柜门的风扇，以免划伤。

⑤巡检过程中，禁止在列车进出站时打开端门。

4.通用巡检制度

①巡检人员在巡检时必须按照以下程序进行：

a.到车控室向站务借钥匙的同时向车站人员请点作业；

b.用车控室电话向工班值班人员报站；

c.检查正常时报告工班值班人员，并做好相应记录。

②巡检人员在巡检时发现设备故障时按以下程序进行：

a.怀疑设备有故障可向维调申请停机检查或停止使用，并通报技术人员；

b.确认设备故障可立即停止设备的运行并报告维调、在维调的正确指导措施下处理故障；并对故障处理情况做好记录。

c.巡检人员在接到设备故障后应立即到达事故现场，能够立即修复的立即修复，不能立即修复的在3天内尽量修复，如果零配件不齐的话可考虑在其他设备上进行调配。

5.巡检作业"八必须"

①巡检设备必须做好安全防护，正确穿戴劳保用品。

②巡检重要设备必须向工班值班人员报站后巡视。

③巡检设备必须要认真负责，巡检完毕必须正确填写巡检记录并恢复设备正常状态。

④发现故障必须向车间调度报告，不能擅自处理故障。

⑤巡检完毕必须检查设备是否都已启动或关闭。

⑥接到抢修任务，必须立即前往处理，不得以有作业为理由不去处理。

⑦对于巡检中发现的故障必须做好相关记录；不能立即处理的故障必须及时上报车间调度。

⑧进入设备房房前必须确认FAS处于自动位。并在进入设备房后保持设备房门常开。

6.巡检项目及标准

屏蔽门巡检项目及标准见表4.9。

表4.9 屏蔽门巡检项目及标准

项目	内容	标准	检查方法
门体	检查门体玻璃	无划伤和破裂现象	目测
	检查滑动门开、关门情况	同步、顺畅、无拖地、无二次开关门情况	目测
	检查端门开、关门情况	手动解锁开关门正常，无拖地现象，闭门器能使门正常关闭	目测
	检查门头指示灯	能正确反映门的状态	目测
	检查门体外观	无刮痕、无擦伤	目测
	检查绝缘地板清洁保养情况	无破损，不潮湿，无气泡、无深度划痕、无揭皮等现象。与屏蔽门密封连接，密封条无脱落、凹陷等现象	目测
	绝缘地板与密封胶条连接情况，金属扣条是否翘起	与屏蔽门密封连接，密封条无脱落、凹陷等现象，金属扣条无翘起、无缺失	目测

续表

项目	内容	标准	检查方法
电源	检查驱动电源柜。内容包括指示灯、空开、电池电压、电池电流、母线电压、母线电流、PM4 主监控、驱动直流模块	各指示灯显示正常无报警,各空开在正常的位置,PM4 主监控参数正常,驱动直流模块参数正常,风扇运行正常	目测
	检查控制电源柜。内容包括指示灯、空开、母线电压、母线电流、DC/DC 模块、逆变模块	各指示灯显示正常无报警,各空开在正常的位置, DC/DC 模块参数正常,逆变模块参数正常,风扇运行正常、温升不高于 30 ℃	目测
	检查电池柜	电池温度不烫手、无变形、漏液、鼓胀、接线端及气孔无盐霜现象	目测
控制系统	检查柜内指示灯、空开	各指示灯显示正常无报警,各空开在正常的位置	目测
	查看监视系统(PSA)报警信息	PSA 监控软件当日信息中无异常事件记录和报警	目测
机房	检查机房的温、湿度	温度,≤30 ℃;相对湿度,≤80%	目测
	检查机房有无漏水	天花板无渗水的痕迹,各冷风机的管道和风口无滴水、漏水现象	目测
	检查机房卫生	清洁无明显灰尘	目测
备注	(1)记录作业日期、作业人员数量		
	(2)记录作业开始时间及结束时间		
	(3)具体检修情况记录在巡检记录表中		

4.2.6 屏蔽门检修及注意事项

1.目的

计划性检修包含预防维修和改善维修。

预防维修是为了防止设备性能及精度劣化或降低,根据设备运转的周期和季节性等特点,按预先制定的技术要求和计划所进行的维修作业。

改善维修是为了消除设备的先天性缺陷或频发故障,对系统及其设备的局部结构或零件的设计加以改进,并结合修理进行改装,以提高其可靠性和免维护性的维修作业。

2.范围

①预防维修

预防维修内容包括车站屏蔽门门体、门机、屏蔽门设备房相关设施、设备月检、季检、

屏蔽门月检
作业步骤

半年检、年检。

②改善维修

改善维修内容包括屏蔽门门体、门机、屏蔽门设备房相关设施、设备的中修和大修。

由于屏蔽门设备多数部件为非标部件,部分模块受知识产权保护,不便采购与安装,因此屏蔽门系统的改善维修委托厂家进行维修。

3.通用程序

①进入车站、车辆段作业,由作业负责人到车控室或车场调度室,进行清点作业,填写好施工作业登记等相关记录后经车站值班人员或车场调度同意后方可作业。若要有作业令才能作业的,提前向上级相关调度申请作业令,凭《运营公司施工进场作业令》到车控室或车场调度室,进行请点作业,填写好施工作业登记等相关记录后经车站值班员或车辆段调度同意后方可施工。

②作业期间影响运营的相关设备不能正常工作的(如通风空调、排烟风机、电梯、屏蔽门等),必须报告上级相关调度,经由上级相关调度批准后方可作业。

③作业完成后,出清现场并填写相应工作记录表,在车站或车辆段销点后方可离开。

4.注意事项

①作业前要上报车间调度。

②检查应注意影响行车安全,在列车停止运营后进行作业。

③作业时如需停电,应停电挂牌并设有专人监护。

④作业中"一人操作、一人监视和读数"。

⑤登梯开门作业过程中,严禁晃动梯子,避免人员及工具掉下轨行区。

⑥注意作业人员防触电、设备防静电损坏。

⑦作业过程中,禁止使用物品阻止应急门或端门关闭。

⑧作业完成后恢复现场设备设施。

复习思考题

1.简述扶梯与综合监控专业的接口划分要求。

2.简述电梯的主要结构组成。

3.简述自动扶梯的主要结构组成。

4.缓冲器有几种类型?

5.简述自动扶梯的安全装置。

6.简述自动扶梯张紧装置的作用。

7.简述进出轿顶、顶坑的流程。

8.简述电梯的机械安全保护装置有哪些。

9.电梯检修的注意事项有哪些?

10.屏蔽门与哪些系统有接口?

11. 屏蔽门系统由几大部分组成?

12. 屏蔽门门体由哪些部件组成?

13. 屏蔽门系统门机包括哪些部件?

14. 屏蔽门系统有哪几种控制方式,其优先级顺序如何排列?

15. 电动机与机械之间有哪些传动方式?

16. 屏蔽门巡检流程及注意事项。

17. 简要说明屏蔽门系统级控制的关门过程。

项目5　中级工理论知识及实操技能

任务 5.1　电扶梯

5.1.1　电气识图方法

1.识图须知

①学习掌握一定的电子、电工技术基本知识，了解各类电气设备的性能、工作原理，并清楚有关触点动作前后状态的变化关系。

②对常用常见的典型电路，如星三角启动、过流、欠压、过负荷、控制、信号电路的工作原理和动作顺序有一定的了解。

③熟悉国家统一规定的电力设备的图形符号、文字符号、数字符号、回路编号规定通则及相关的国标。国家统一规定的电气图例见表5.1。

表 5.1　电气图例

序号	图形符号	说明
1		开关(机械式)电气图形符号
2		多级开关一般符号单线表示
3		多级开关一般符号多线表示
4	KM	接触器(在非动作位置触点断开)
5		接触器(在非动作位置触点闭合)
6		负荷开关(负荷隔离开关)电气图用图形符号

续表

序号	图形符号	说明
7		具有自动释放功能的负荷开关
8		熔断器式断路器
9	QF	断路器
10	QF	隔离开关
11	FU	熔断器一般符号
12	FF	跌落式熔断器
13		熔断器式开关
14		熔断器式隔离开关
15		熔断器式负荷开关
16		当操作器件被吸合时延时闭合的动合触点
17		当操作器件被释放时延时闭合的动合触点
18		当操作器件被释放时延时闭合的动断触点电气图用图形符号

序号	图形符号	说明
19	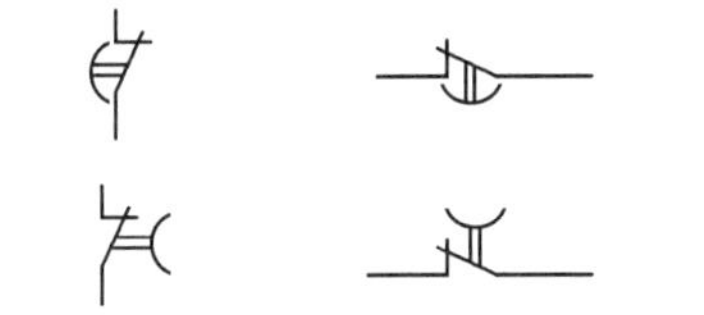	当操作器件被吸合时延时闭合的动断触点
20	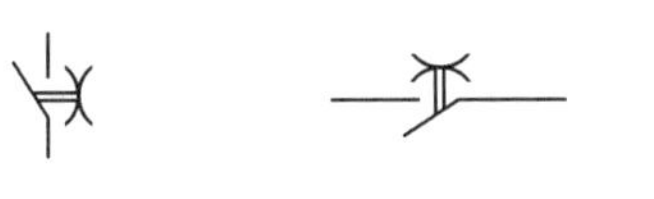	当操作器件被吸合时延时闭合和释放时延时断开的动合触点
21	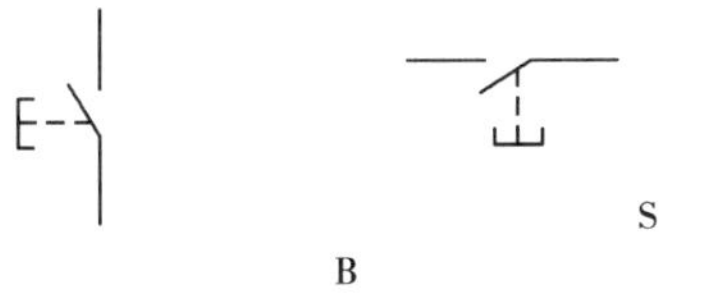	按钮开关(不闭锁)
22		旋钮开关、旋转开关(闭锁)
23	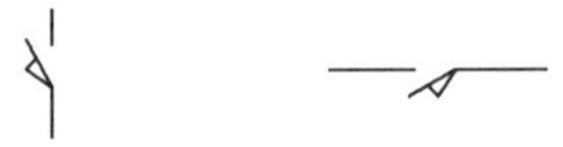	位置开关,动合触点 限制开关,动合触点
24	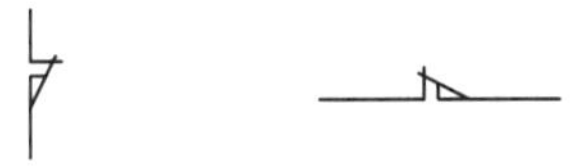	位置开关,动断触点 限制开关,动断触点
25		热敏开关,动合触点 注:θ可用动作温度代替
26	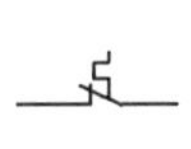	热敏自动开关,动断触点 注:注意区别此触点和下图所示热继电器的触点 
27		具有热元件的气体放电管荧光灯起动器
28	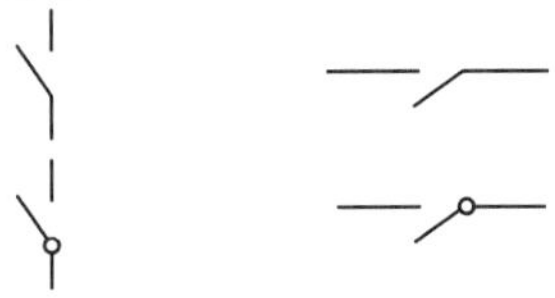	动合(常开)触点 注:本符号也可用作开关一般符号
29	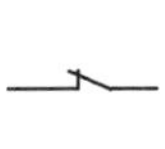	动断(常闭)触点
30	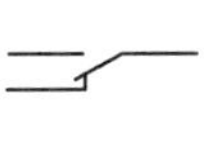	先断后合的转换触点

序号	图形符号	说明
31		当操作器件被吸合或释放时,暂时闭合的过渡动合触点
32		座(内孔的)或插座的一个极
33		插头(凸头的)或插头的一个极
34		插头和插座(凸头的和内孔的)
35		接通的连接片
36		换接片
37		双绕组变压器
38		三绕组变压器
39		自耦变压器
40		电抗器扼流图
41		电流互感器 脉冲变压器
42		具有有载分接开关的三相三绕组变压器,有中性点引出线的星形—三角形连接
43		三相三绕组变压器,两个绕组为有中性点引出线的星形,中性点接地,第三绕组为开口三角形连接

2. 识图的一般步骤

①详看图纸说明

首先要仔细阅读图纸的主标题栏和有关说明,如图纸目录、技术说明、电器元件明细表等,结合已有的电工知识,对该电气图的类型、性质、作用有一个明确的认识,从整体上理解图纸的概况和所要表述的重点。

②看电路图

看电路图首先要看图形符号和文字符号,了解电路图各组成部分的作用、分清主电路和辅助电路,交流回路和直流回路。其次,按照先看主电路,再看辅助电路的顺序进行看图。

看主电路时,通常要从下往上看,即先从用电设备开始,经控制电器元件,顺次往电源端看。看辅助电路时,则自上而下、从左至右看,即先看主电源,再顺次看各条支路,分析各条支路电器元件的工作情况及其对主电路的控制关系,注意电气与机械机构的连接关系。

通过看主电路,要搞清负载得电途径,电源线都经过哪些电器元件到达负载和为什么要通过这些电器元件。通过看辅助电路,则应搞清辅助电路的构成,各电器元件之间的相互联系和控制关系及其动作情况等。

③电路图与接线图对照起来看

接线图和电路图互相对照看图,可帮助看清楚接线图。读接线图时,要根据端子标志、回路标号从电源端顺次查下去,搞清楚线路走向和电路的连接方法,搞清每条支路是怎样通过各个电器元件构成闭合回路的。

3. 看电气控制电路图的方法

看电气控制电路图一般方法是先看主电路,再看辅助电路,并用辅助电路的回路去研究主电路的控制程序。

①看主电路的步骤

看清主电路中用电设备。清楚它们的类别、用途、接线方式及一些不同要求等。了解主电路中所用的控制电器及保护电器。前者是指除常规接触器以外的其他控制元件,如电源开关(转换开关及空气断路器)、万能转换开关。后者是指短路保护器件及过载保护器件,如空气断路器中电磁脱扣器及热过载脱扣器的规格、熔断器、热继电器及过电流继电器等元件的用途及规格。看电源。要了解电源电压等级,是 380 V 还是 220 V,是从母线汇流排供电还是配电屏供电,还是从发电机组接出来的。

②看辅助电路的步骤

辅助电路包含控制电路、信号电路和照明电路。分析控制电路,根据主电路中各电动机和执行器的控制要求,逐一找出控制电路中的其他控制环节,将控制线路"化整为零",按功能不同划分成若干个局部控制线路来进行分析。

看电源。首先看清电源的种类,是交流还是直流。其次,要看清辅助电路的电源是从什么地方接来的,及其电压等级。了解控制电路中所采用的各种继电器、接触器的用途。根据辅助电路来研究主电路的动作情况。

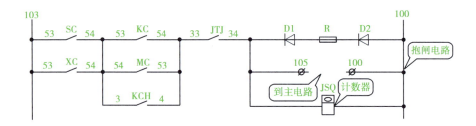

图 5.1　电梯上、下行抱闸计数回路图

③控制电路总是按动作顺序画在两条水平电源线或两条垂直电源线之间的,因此,也就可从左到右或从上到下来进行分析。对复杂的辅助电路,在电路中整个辅助电路构成一条大回路,在这条大回路中又分成几条独立的小回路,每条小回路控制一个用电器或一个动作。当某条小回路形成闭合回路有电流流过时,在回路中的电器元件(接触器或继电器)则动作,把用电设备接入或切除电源。在辅助电路中一般是靠按钮或转换开关把电路接通的,如图 5.1 所示。

此电路是电梯上行和下行抱闸计数回路,第一行是上行快车,需要安全回路正常(JTJ),然后吸合一次,电梯运行一次计数器计一下电梯运行次数,抱闸也张开一次。第二排是下行自救运行的计数和抱闸回路,第三排是检修回路,并向抱闸提供电源。

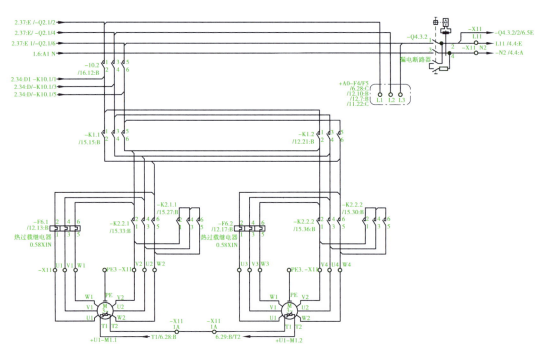

图 5.2　自动扶梯主回路图

图 5.2 为自动扶梯主回路,K0.1 为工频运行接触器,K1.1 为上行接触器,K1.2 为下行接触器,K2.1.1 为星形接触器,K2.2.1 为三角形接触器。

5.1.2　电扶梯故障处理流程

（1）生产调度将故障报与电扶梯工班。

（2）电扶梯工班派员工同维保人员一起赶往现场处理。

（3）重大故障由工班长告知专业技术人员。

（4）通知电扶梯厂家维保负责人赶往现场处理。

（5）故障排查后对设备进行测试，确认设备正常后恢复正常使用。

（6）故障处理后回报生产调度，并在故障记录本上记录故障情况。

5.1.3　电扶梯一般机械故障处理方法

1. 电扶梯安全开关、间隙调整

①垂直电梯

a. 对重侧导靴，使一侧的间隙为零时，另一侧的导靴衬和导轨之间的间隙为 0.5 ~ 1.0 mm。

b. 支承导轨的组件，固定在井道壁上，每根导轨上至少应设置两个导轨架，其间距应不大于 2.5 m。

c. 轿门关闭时的最大间隙小于 1 mm，轿门之间的平面差小于 1 mm，门板与地坎距离为 4 mm。

d. 门刀的固定刀片与厅门门锁的脱钩门球之间的距离为 7 mm 左右。

e. 层门关闭后，门扇之间及门扇与门框之间的间隙应小于 6 mm。

f. 层门地坎与轿厢地坎的间距为 30 ~ 35 mm，为保证电梯在运行时轿厢门刀不与厅门门头、厅门地坎相碰触。

g. 门锁电气触点刚接通时，锁紧元件之间啮合深度至少为 7 mm。

h. 底坑同一基础上的两个缓冲器顶部与轿底对应距离差不大于 2 mm。

i. 安全钳在限速器的操作下，使电梯轿厢紧急制停夹持在导轨上的安全装置，安全钳楔块与导轨之间的距离为 4 ~ 5 mm。

j. 正常情况下制动器闸瓦厚度为 6 mm，当闸瓦厚度小于 4.5 mm 时需更换。松闸时，制动器闸瓦和制动轮之间的间隙要均匀且不大于 0.1 ~ 0.12 mm。

k. 对重缓冲距 150 ~ 400 mm。

②自动扶梯

a. 内壁板之间间隙不大于 4 mm；

b. 裙板垂直梯级面与梯级之间间隙为 2 ~ 4 mm，梯级与裙板之间的水平单边距离不超过 4 mm，左右两边的间隙之和不大于 7 mm，垂直距离不小于 25 mm；

c. 检测抱闸监控装置的接近开关盒抱闸外壳的距离为 4 mm；

d.扶手带转向端(扶手带最前端)距梳齿板的水平距离不小于0.6 m,扶手带水平部分的延伸长度自梳齿板起步小于0.3 m;

e.齿槽宽度在5~7 mm,齿槽深度不小于10 mm,踏板面齿槽与梳齿啮合深度不小于6 mm,两个相邻踏板之间的间隙不大于6 mm;

f.梯级偏离其导向系统的侧向位移,在任何一侧不大于4 mm,在两侧的总和不大于7 mm;

g.扶手带与梯级的速度差不超出0~2%的范围;

h.驱动链检测开关安装在扶梯上端驱动链旁,如果驱动链下垂量超过标准范围10~20 mm,该装置检测不到信号,扶梯立即停止,检测装置与驱动链之间的距离在4~5 mm;

i.梯级链张紧安全开关当张紧站向前或向后移动大于6 mm时,开关动作,使扶梯停止,开关滚轮与使之动作的部件之间的间隙是1 mm;

j.若存在扶梯与步行楼梯交叉布置,扶梯与立柱交叉布置,扶梯与扶梯交叉布置的情况下,此时若扶梯扶手带中心与障碍物之间的距离小于0.5 m时,这些地方设固定式三角警示牌,三角警示牌的高度不小于0.3 m;

k.雷达或光电其作用范围可调,在距离梳齿板1.5 m左右时能起作用。

2.机械系统常见故障现象、原因及处理方法

①机械系统常见故障现象及原因

a.由于润滑不良或润滑系统故障,造成部件的转动部位严重发热磨损,导致滚动或滑动部位的零部件毁坏。

b.由于频繁使用,某些零部件发生磨损、老化,保养不到位,未能及时更换或修复已磨损的部件,造成损坏进一步的扩大,迫使停机。

c.运行过程中由于震动引起某些紧固螺丝松动或松脱,使某些部件尤其运动部件工作不正常造成损坏。

d.由于电梯平衡系数失调,或严重超载造成轿厢大的抖动或平层准确度差,电梯速度失控,甚至冲顶或碰底,引起限速器安全钳联动,电梯停机。

②机械系统常见故障处理方法

a.机械系统发生故障时,采用点动方式让电梯上、下运行,通过耳听、手摸、测量等方式分析判断故障点。

b.故障发生点确定后,按有关技术规范的要求,仔细进行拆卸、清洗、检查测量,通过检查确定造成故障的原因,并根据机件的磨损和损坏程度进行修复或更换。

c.电扶梯机件经修复或更换后,投入运行前需经认真检查和调试后,才可使用。

③垂直电梯常见故障现象、原因及处理方法(见表5.2)

表5.2 电梯常见故障

故障现象	故障原因	处理方法
电梯安全钳动作	(1)限速器钢丝绳伸长而断绳开关失效 (2)安全钳间隙调整不当使楔块与导轨两侧工作面间隙过小	①恢复限速器楔块使限速器机械与电气结构恢复正常,手动盘车使安全钳楔块复位

故障现象	故障原因	处理方法
电梯安全钳动作	(3)电梯抱闸失效电梯超速运行导致安全钳动作 (4)若轿厢导靴靴衬磨损过大,导轨工作面上有毛刺,台阶等也会引起安全钳误动作 (5)安全钳拉杆弯曲变形,牵引机构的拉杆系统不灵活,使安全钳误动作	②调整限速器钢丝绳,使限速器涨紧轮与开关距离符合厂家要求,调整或更换涨紧轮开关 ③对限速器进行良好的维护保养,彻底清扫,擦拭干净,转动部分应正确进行润滑固定,螺栓应紧固以防松动 ④调整安全钳,使得钳口与楔块分中,能灵活动作润滑得当 ⑤严格按工艺调整抱闸,必须使铁芯动作灵活,间隙合适,对抱闸半年解体一次 ⑥更换靴衬调整安全间隙;紧固并校正安全钳拉杆使其能与限速器可靠联动
轿厢向下运行时出现突然停车现象,向上运行正常	(1)电梯安全窗开关接触不良,导致电梯下行运行安全回路断开 (2)电梯下限位线路虚接或开关接触不良导致运行中突然断电导致	①检查电梯故障码判断为安全回路故障,然后逐级检查,可以通过万用表检查各个开关的通断性或者检测整个回路的电压,直至问题排除 ②结合故障现象,由于只有在下行时出现此故障,因此故障点不可能出现在上限位,故可以将思路定位于井道下部,逐个开关或线路排查
电梯运行时有异常噪声和振动	(1)电梯运行的时候,轿厢上部或者下部出现很大的晃动及声音,伴随着幌啷的声音,这就有可能为滚轮导靴轴承问题,只会出现在使用的是滚轮导靴的高速梯上 (2)"吱吱"的滑动声音且出现在轿顶这就有可能为油盒缺油或者导靴磨损 (3)强烈的碰撞声音在轿顶且只在个别楼层出现,应为隔磁板与感应器碰撞或者门刀与地坎,门轮与门刀碰撞 (4)电梯在运行时在最底层有铁链声音或者摩擦碰撞声多可能为补偿链伸长 (5)在运行中听到"哗啦哗啦"的比较规律的声音,多可能为钢丝绳张力不均或对重架对重块运行晃动需紧固 (6)出现的是咯噔咯噔的声音那么就要考虑导向轮、反绳轮轴承问题	①更换导靴轴承 ②加油更换油盒油毡或更换靴衬 ③调整隔磁板使其分中或调整门刀门轮距离 ④裁断多余补偿链 ⑤调整曳引钢丝绳张力或紧固对重块压板给对重块之间加木楔 ⑥更换轴承(中修项目) ※对于处理异常异常声音的问题,主要是靠感官来感觉及平时的用心观察。首先要考虑的是声源是从哪里传来;其次,要判断的是哪一种类型的声音,碰撞声、滑动声、摩擦声,还是晃动声音。基于以上两点,就很容易对以上问题排除

续表

故障现象	故障原因	处理方法
电梯下行正常，上行无快车	(1)上行第一、第二限位开关接线不实，开关接点接触不良或损坏 (2)上行控制接触器、继电器不吸合或损坏 (3)控制回路接线松动或脱落	①紧固接线，更换限位开关的接点，更换限位开 ②紧固下行控制接触器继电器线圈端子，更换接触器继电器 ③紧固控制回路松动或脱落的接线
电梯轿厢到平层位置不停车	(1)上、下平层感应器的干簧管接点接触不良，上、下平层感应器损坏 (2)隔磁板或感应器相对位置尺寸不符合标准要求 (3)控制回路出现故障 (4)上、下方向接触器不复位	①更换平层感应器 ②调整感应器，调整隔磁板或感应器的尺寸 ③排除控制回路的故障 ④排除上、下方向接触器故障
轿厢运行到所选楼层不缓速	(1)所选楼层换速感应器接线不良或损坏 (2)缓速感应器与感应板位置尺寸不符合标准要求 (3)控制回路存在故障 (4)快速运行接触器不复位	①更换感应器或将感应器接线接好 ②调整感应器与感应板的位置尺寸，使其符合标准 ③检查控制回路，排除控制回路故障 ④调整快速接触器
电梯有慢车没快车	(1)上、下运行控制继电器、快速运行器损坏 (2)控制回路有故障 (3)处于检修状态 (4)消防状态触发 (5)缓速开关状态异常	①更换上、下行控制继电器或接触器 ②检查控制回路，排除控制回路故障 ③恢复检修至正常 ④复位消防开关 ⑤调整缓速开关
轿厢平层准确度误差过大	(1)隔磁板(码板)位置偏移或螺丝松动 (2)微动平层感应器故障	①上下微调隔磁板位置并紧固 ②更换同型号的微动平层感应器
开门、关门过程中门扇抖动、有卡阻现象	(1)踏板滑槽内有异物阻塞 (2)吊门滚轮的偏心轮松动，与上坎的间隙不良 (3)吊门滚轮与门扇连接螺栓松动或滚轮严重磨损 (4)吊门滚轮滑道变形或门板变形	①清扫踏板滑槽内异物 ②修复调整 ③调整或更换吊门滚轮 ④修复滑道门板

故障现象	故障原因	处理方法
电梯到达平层位置不能开门	(1)开关门电路熔断器熔体熔断 (2)开关门限位开关接点接触不良或损坏 (3)提前开门传感器插头接触不良,脱落或损坏 (4)开门继电器损坏或其控制电路有故障 (5)开门机传动带脱落或断裂 (6)门地坎卡异物	①更换熔断器的熔体 ②更换或修复限位开关 ③更换或修复传感器插头 ④更换断电器、修复控制电路故障 ⑤调整或更换开门机皮带 ⑥清除异物

5.1.4　电扶梯一般电气故障处理方法

1. 电气控制系统常见故障

①从电梯电气故障发生的范围看,最常见的是门机系统故障和电器组件接触不良引起的。造成门机系统和电器组件故障多的原因,主要有元器件的质量、安装调试的质量、维护保养质量等。

②从电气故障的性质看,主要是短路和断路两类。短路就是出于某种原因,是不该接通的回路连通或接通后线路内电阻很小。电梯常见短路故障原因有方向接触器或继电器的机械和电子连锁失效,可能产生接触器或继电器抢动作而造成短路;接触器的主接点接通或断开时,产生的电弧使周围的介质电器组件的介质被击穿而短路;电器组件的绝缘材料老化、失效、受潮造成短路;由于外界原因造成电器组件的绝缘破坏以及外材料入侵造成短路。断路就是由于某种原因,造成应连通的回路不通。引起断路的原因主要有电器组件引入引出线松动;回路中作为连接点的焊接虚焊或接触不良;继电器或接触器的接点被电弧烧毁;接点表面由氧化层;接点的簧片被接通或断开时产生的电弧加热,冷却后失去弹力,造成接点的接触压力不够;继电器或接触器吸合或断开时由于抖动使触点接触不良等。

2. 电气控制系统故障的判断和排除

判断电气控制系统故障的根据就是电梯控制原理。因此要迅速排除故障必须掌握地区控制系统的电路原理图,搞清楚电梯从定向、起动、加速、满速运行、到站预报、换速、平层、开关门等全过程各环节的工作原理,各电器组件之间相互控制关系、各电器组件、继电器/接触器及其触点的作用等。再判断电梯电气控制故障之前,必须彻底了解故障现象,才能根据电路图合故障现象,迅速准确地分析判断故障的原因并找到故障点。

①垂直电梯电气控制系统故障判断与排除

垂直电梯故障判断与排除见表5.3。

表 5.3 垂直电梯故障判断与排除

故障现象	故障原因	排除方法
局部回路保险丝经常烧断	(1)该组件或导线碰地	查出碰地点酌情处理
	(2)某继电器绝缘垫击穿	加强绝缘片绝缘或更换继电器
	(3)保险丝容量过小	暗额定电流选用适当保险丝
主回路保险丝经常烧断(或主回路开关经常调闸)	(1)该组件或导线碰地	查出碰地点酌情处理
	(2)某继电器绝缘垫击穿	加强绝缘片绝缘或更换继电器
	(3)保险丝容量过小	暗额定电流选用适当保险丝
	(4)启动、制动时间设定过长或过短	按电梯技术说明书调整启动、制动时间
	(5)启动、制动电抗器(电阻)接头压片松动	紧固接点
闭合基站钥匙开关,基站电梯不能开门	(1)厅外开关门钥匙开关接触不良或损坏	更换钥匙开关
	(2)开门第一限位开关的接点接触不良	更换限位开关
	(3)基站厅外开关门控制开关接点接触不良或损坏	更换开关门控制开关
	(4)开门继电器损坏或其控制电路有故障	更换继电器或检查故障线路
电梯到基站后不能开门	(1)开关回路保险丝烧断	更换保险丝
	(2)开门限位开关接点接触不良或损坏	更换限位开关
	(3)开门继电器损坏或其控制回路故障	更换继电器或检查回路
	(4)门机皮带松脱或断裂	调整或更换皮带
开关门时冲击声很大	(1)开关门粗调电阻器调整不当	调整电阻器电环位置
	(2)开关门细调电阻调整不当或电环接触不良	调整电阻环位置或调整其接触压力

故障现象	故障原因	排除方法
按开关按钮不能自动关门	(1)开关门回路保险丝烧断	更换保险丝
	(2)关门继电器损坏或关门回路有故障	更换继电器或检查关门回路并修复
	(3)关门第一限位开关触点接触不良	更换限位开关
	(4)安全触板卡死或开关损坏	调整安全触板或更换触板开关
	(5)门区光电保护装置故障	修复或调整
关门后电梯不能启动	(1)厅、轿门连锁开关接触不良或损坏	检查修复连锁开关
	(2)电源电压过低或缺相	检查并修复
	(3)制动器抱闸未松开	调整制动器
	(4)直流电梯励磁装置故障	检查并修复
电梯启动困难或运行速度减慢	(1)电源电压过低或缺相	检查并修复
	(2)制动器抱闸未松开	调整制动器
	(3)直流电梯励磁装置故障	检查并修复
	(4)曳引电动机轴承润滑不良	补油或清洗更换润滑油脂
	(5)曳引机减速器润滑不良	补油或更换润滑油脂
外召面板或轿内显示异常	(1)楼层地址码设置有误	重新设置地址码
	(2)外召面板接地或进水	检修并修复或更换
	(3)外召面板通信干扰	检查并修复
	(4)轿内显示通信干扰	检查并修复
	(5)轿内显示回路接地或短路	检查并修复
	(6)通信板异常	更换通信板

②自动扶梯电气控制系统故障判断与排除

自动扶梯故障判断与排除见表5.4。

表 5.4 自动扶梯故障判断与排除

故障现象	故障原因	处理方法
油泵缺油故障/报警	该扶梯在本保养周期(15天)内,停梯开梯次数较频繁,扶梯自动润滑频率较高,导致邮箱内油量在下次保养前提前报警	①检查工具,带齐相关工具及润滑油 ②请点后带护栏到达现场并做好上下部防护 ③停梯,打开上盖板放于护栏内,拍急停,查看油箱油位,打开油箱盖,倒入润滑油 ④注意油量应在油标尺范围内,防止过多溢出污染机房,恢复急停,试运行使扶梯运行一圈(排除油箱内的部分空气,防止误报故障),停梯再次开梯扶梯,确认无故障可正常运行 ⑤用抹布擦拭油箱周围润滑油(注意擦拭脚下润滑油)
DDU故障显示器或BAS界面报扶手带速度异常	(1)扶手带测速开关故障或开关电源中断 (2)扶手带速度与梯级速度不同步	①现场检查扶手带运行情况,如果正常,关闭扶手测速开关,运营结束后检查扶梯主控制柜X3/X4接线及终端开关情况;如异常,按下一步检查 ②将扶手带速度转换挡位调大一个挡位(Ⅰ、Ⅱ、Ⅲ),如果故障消除,可待运营结束后处理 ③调整时,打开扶梯上部相应侧第二块臂板,根据扶手带驱动链调整螺栓调整扶手带驱动链;根据扶手转向段的长度补偿装置调整扶手带长度
雷达报警、光栅报警	(1)雷达或者光栅有异物遮挡 (2)雷达或者光栅本体故障	①现场检查上下部出入口有无遮挡,有异物直接去除复位 ②该故障的出现不影响扶梯的正常开启及使用,运营结束后处理 ③检查雷达或者光栅是否故障,采取电压测量法或者调换方法
远程停梯故障	(1)一般为车控室紧急停止开关动作 (2)扶梯主控制柜远程停梯接线端子松动 (3)综合监控IBP控制柜远程停梯接线端子松动	①复位远程停梯按钮,开启扶梯 ②检查控制柜端子041、80,测量接线是否为常闭状态,若是紧固接线端子,正常开启;否,下一步 ③需要综合监控专业配合,检查IBP控制箱扶梯远程停梯端子排接线
扶梯电梯无电源	(1)设备主电源跳闸 (2)低压配电箱无电	①用万用表测量设备主断路器MCB进线端与出线端电压,判断停电原因 ②若进线端无电压,通知低压配电专业配合,检查低压配电箱是否有电送过来

5.1.5 垂直电梯困人救援

困人救援
操作流程

电梯运行中因供电中断,电梯故障等原因而突然停止,将乘客困在轿厢内时,电梯司机或维修管理人员应安慰乘客,使他们安静等待,不要擅自行动,以免发生"剪切""坠井"等事故。为解救被困的乘客,应有维修人员或在专业人员指导下进行盘车放人操作。

垂直电梯困人救援操作步骤:

1. 电梯有电时

①用对讲机与轿厢内乘客联系,不要靠近轿门,不要急躁,等待救援。

②确定轿厢门保持关闭状态,将控制柜中检修开关拨至紧急电动位置,按下检修慢上或慢下让电梯运行到最近楼层平层位置。

③用"三角钥匙"打开厅门,拉开轿门,协助乘客安全离开。

2. 无法检修运行或停电时

①切断该电梯电源的主开关,防止电梯误启动。

②设法确认轿厢所在位置。

③用对讲机与轿厢内乘客联系,不要靠近轿门,不要急躁,等待救援。

④若轿厢在某平层 ±300 mm 范围位置时,可直接用"三角钥匙"打开层门,拉开轿门,让乘客安全离开。

⑤若轿厢停在非停层范围时,则必须采用后备电池电动松闸的方法进行,步骤如下:

a. 确定轿厢门保持关闭状态。

b. 先按下电动松闸装置的"启动按钮"来启动电动松闸装置,再按下"松闸按钮"进行松闸,使轿厢断续地缓慢地移动到平层的 ±300 mm 范围位置上。

c. 确认轿厢在停靠层用三角钥匙打开厅门,拉开轿门,并协助乘客安全撤出。

⑥如果当轿厢质量与对重重量在平行状态,轿厢无法向上移动时,应往轿顶加 70 ~ 100 kg(如站 1 个人),再以第 5 条的方法操纵使轿厢向下断续移动到下一层平层区。

5.1.6 电扶梯部分相关国标及规范

GB 16899—2011《自动扶梯和自动人行道安装安全规范》

GB/Z 31822—2015《公共交通型自动扶梯和自动人行道的安全要求指导文件》

GB/T 18775—2009《电梯、自动扶梯和自动人行道维修规范》

GB/T 34146—2017《电梯、自动扶梯和自动人行道运行服务规范》

JB/T 8545—2010《自动扶梯梯级链、附件和链轮》

GB 7588—2003《电梯制造与安装安全规范》

TSG_T 5001—2009《电梯使用管理与维护保养规则》

GB/T 10060—2011《电梯安装验收规范》

GB/T 10058《电梯技术条件》

GB/T 10059《电梯试验方法》

GB 10060《电梯安装验收规范》

GB 50310《电梯工程施工质量验收规范》

GB 24806—2009《行动不便人员使用的楼道升降机》

GB/T 24477《适用于残障人员的电梯附加要求》

5.1.7　电扶梯常用备件更换准备工作及操作步骤

1.厅轿门滑块更换

①准备工作

a.操作人员:2 人。

b.工具:钥匙、M8 开口扳手、M10 开口扳手、尖嘴钳、十字螺丝刀。

c.材料:完好的厅门或轿门滑块。

②操作步骤

a.将电梯检修运行至合适的位置,一人操作一人监护。

b.用十字螺丝刀将螺丝拆下,将旧件滑动到侧面侧空隙处取出。

c.将新件安装上去,并测试开关门顺畅。

d.恢复电梯后,自动开关门确认正常,如图 5.3 所示。

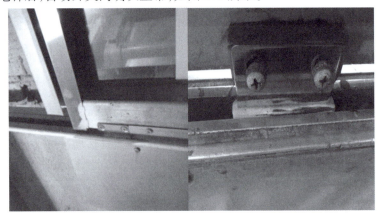

图 5.3　厅轿门滑块更换图

2.靴衬更换准备工作及操作步骤

①准备工作

a.操作人员:2 人。

b.工具:钥匙、M8 开口扳手、M10 开口扳手、尖嘴钳、十字螺丝刀。

c.材料:完好的靴衬。

②操作步骤

a.将电梯检修运行至合适的位置,一人操作一人监护。

b.拆掉油盒,用 M8 开口扳手拆掉靴衬上部挡片螺丝。

c.将轿厢向一边倾斜,用尖嘴钳将靴衬抽出。

d.将新的靴衬安装进去,更换完后上下检修试运行,如图 5.4 所示。

图5.4 靴衬的更换图

3.梳齿板更换准备工作及操作步骤

①准备工作

a.操作人员:2 人。

b.工具:钥匙、内六角扳手一套、M8 开口扳手、尖嘴钳、十字螺丝刀、十字螺丝刀。

c.材料:完好的梳齿板。

②操作步骤

a.确认梯级上无乘客,将扶梯停止。

b.上下梯头位置做好安全防护。

c.使用内六角扳松开梳齿板固定螺丝,拆下梳齿板。

d.将新的梳齿板安装好,并调整好梳齿板与梯级的间隙。

e.上下试运行扶梯,确定梳齿板与梯级无刮蹭现象。

f.撤去防护,恢复扶梯运行,如图5.5 所示。

图5.5 梳齿板更换图

4.梯级更换准备工作及操作步骤

①准备工作

a.操作人员:2 人。

b.工具:钥匙、专用力矩扳手、尖嘴钳、十字螺丝刀、十字螺丝刀。

c.材料:完好的梯级。

②操作步骤

a.确认梯级上无乘客,将扶梯停止。

b.上下梯头位置做好安全防护。

c.使用内六角扳松开梳齿板固定螺丝,拆下梳齿板,如图5.6 所示。

图 5.6　梯级更换图

任务 5.2　屏蔽门

5.2.1　屏蔽门监控系统

1.监控系统

屏蔽门监控系统见图5.7。

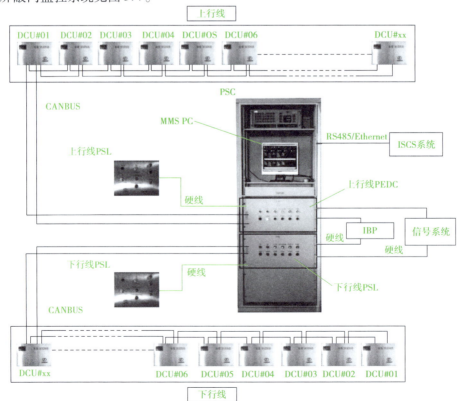

图 5.7　屏蔽门监控系统

监控系统主要由控制系统及监视系统构成。屏蔽门系统配置与信号系统、就地控制盘(PSL)、车控室IBP盘、ISCS系统等相关设备的接口,实现对屏蔽门的开/关门控制,采集屏蔽门系统的信息、状态、报警故障,并将其传输至相关系统。监控系统构成框图如5.7所示。

①控制系统

由中央控制盘(PSC)、门控单元(DCU)、就地控制盘(PSL)以及传输介质等组成。实现与信号系统、PSL和IBP的联系,并可以控制屏蔽门的开/关。

屏蔽门控制系统具有系统级控制、站台级控制和门体手动操作三级控制方式。三种控制方式中以门体手动操作优先级最高,系统级最低。另外,还能够配合通风与空调系统完成相关的火灾模式功能。

②监视系统

由中央接口盘、DCU单元、现场总线控制局域网络组成。控制局域网采用CAN总线型、开放式、标准通信协议的局域网络。DCU作为网络节点挂接在总线上、作为网络节点的各设备,监控主机作为整个监视系统中的主设备。能够采集并发送门状态信息及各种故障信息给相关系统。网络拓扑结构如图5.8所示。

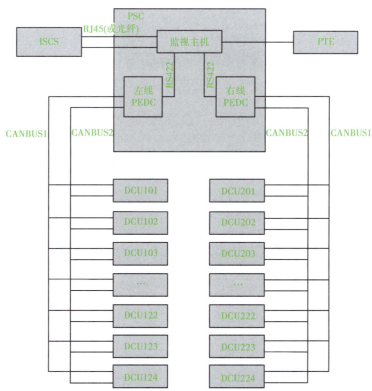

图5.8 网络拓扑结构

2.电气部件

①中央控制盘(PSC)

a.每个站配置一台PSC,安装在屏蔽门设备室,包括监视主机、两套逻辑控制单元

PEDC、与信号系统、综合监控系统的接口装置、接线端子排、布电缆的线槽、排热风扇、PSC面板的相关状态指示灯等。

b.PSC 通过 CA 总线及硬线电路负责采集和监控电源系统、PSC 内部以及左/右行侧各个门控单元的各类信息,并通过冗余以太网链路向 ISCS 提供相关信息。

c.PEDC 作为监视主机与当前站台侧各门机间的通信中枢,实时采集对应站台侧各门机的各类信息并传送给监视主机(包括门机实时状态信息、速度位移曲线信息、DCU 参数信息等);接受监视主机下载的门机参数信息并传送给指定的门机;接受、保存由监视主机下载的 PEDC 参数。接受来自信号系统、PSL、IBP 的开关门命令信息,对这些信息作逻辑运算后向当前侧各门机输出开关门指令,并将所有门是否关闭且锁紧状态信息发送给信号系统。

②门控单元(DCU)

a.DCU 是滑动门电机的监控装置,每对滑动门单元均配置一个 DCU,并安装在门体上部的顶箱内。DCU 由 CPU 组、存储单元、接口单元及相关软件等组成,DCU 是门机控制的核心部件,其硬件示意如图 5.9 所示。

• DCU 配置自动/隔离/手动关/手动开转换开关的控制输入接口。

• DCU 配置门状态指示灯。

• DCU 配置 CAN 总线接口,且该接口为两个冗余接口,分别与两条通讯总线相连,构成冗余的通信网络,当一路总线发生通讯故障时,系统自动切换到另外一路,使整个系统的通信正常进行。

• DCU 配置用于开/关门命令的接口。

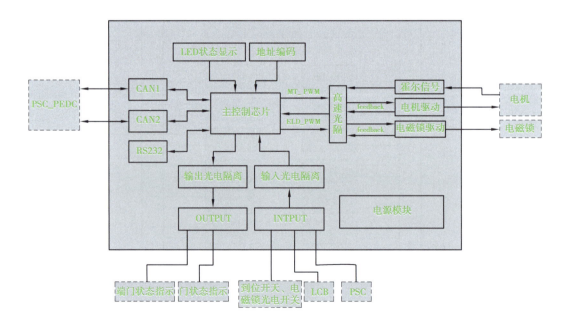

图 5.9　DCU 装置

b. DCU 主要功能:

- 执行 PSC 发来的控制命令。
- 能够采集并发送门状态信息及各种故障信息。
- 通过 DCU 内设置的编程/调试接口,可进行重新编程和参数的重新设置。
- DCU 具有抗电磁干扰能力。
- DCU 能对门状态指示灯进行正确控制,灯的状态包括闪、常亮、常灭。
- 每个 DCU 都有区别于其他 DCU 设备的地址。该地址由安装在 DCU 电路板上的拨码 ID 开关定义,易于操作。各 DCU 的地址定义见表 5.5。

表 5.5　DCU 的地址定义

左线门单元	DCU ID 开关		右线门单元	DCU ID 开关	
	左侧开关	右侧开关		左侧开关	右侧开关
ASD #101	0	1	ASD #201	0	1
ASD #102	0	2	ASD #202	0	2
ASD #103	0	3	ASD #203	0	3
ASD #104	0	4	ASD #204	0	4
ASD #105	0	5	ASD #205	0	5
ASD #106	0	6	ASD #206	0	6
ASD #107	0	7	ASD #207	0	7
ASD #108	0	8	ASD #208	0	8
ASD #109	0	9	ASD #209	0	9
ASD #110	1	0	ASD #210	1	0
ASD #111	1	1	ASD #211	1	1
ASD #112	1	2	ASD #212	1	2
ASD #113	1	3	ASD #213	1	3
ASD #114	1	4	ASD #214	1	4
ASD #115	1	5	ASD #215	1	5
ASD #116	1	6	ASD #216	1	6
ASD #117	1	7	ASD #217	1	7
ASD #118	1	8	ASD #218	1	8
ASD #119	1	9	ASD #219	1	9
ASD #120	2	0	ASD #220	2	0
ASD #121	2	1	ASD #221	2	1
ASD #122	2	2	ASD #222	2	2
ASD #123	2	3	ASD #223	2	3
ASD #124	2	4	ASD #224	2	4

●DCU 启动后进行自诊断,通过 CPU 来实现信息的采集、判断并进行智能化的控制,完全满足地铁运行的要求。通过 LED 指示灯来显示屏蔽门传感器等的当前状态。

③就地控制盘(PSL)

a.当信号系统不能正常控制屏蔽门的开/关,驾驶员或站务人员可以操作 PSL 实现屏蔽门的站台级控制。每侧站台分别设置一套 PSL,安装于列车出站端,与屏蔽门端门相衔接的设备房外墙上。PSL 的盘面如图 5.10 所示,PSL 面板元件及状态说明见表 5.6。

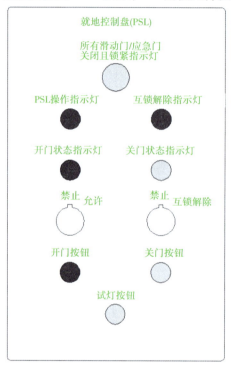

图 5.10　PSL 盘面

表 5.6　PSL 面板元件及状态说明

元件名称	状态	功能描述
PSL 操作指示灯	亮(红色)	PSL 操作开关门功能已启用,可以进行开关门操作
	熄灭	PSL 操作开关门功能未启用
所有滑动门/应急门关闭且锁紧指示灯	亮(绿色)	当"所有滑动门/应急门已关闭且锁紧"信号被确认,此时安全回路接通
	熄灭	当"所有滑动门/应急门已关闭"信号失去,此时安全回路断开
互锁解除指示灯	熄灭	初始状态(此时安全回路旁路为断开状态)
	亮(红色)	安全回路旁路被接通指示

元件名称	状态	功能描述
开门状态指示灯	亮(红色)	开门命令正在执行
	熄灭	当未启动开门命令或 PSC 已接收到关门信号
关门状态指示灯	亮(绿色)	关门命令正在执行
	熄灭	当未启动关门命令或 PSC 已收到开门信号
开门按钮(带红色指示灯)	OFF	初始状态,按钮所带指示灯熄灭
	ON	按钮按下后,滑动门执行开门命令,按钮所带红色指示灯被点亮
关门按钮(带绿色指示灯)	OFF	初始状态,按钮所带指示灯熄灭
	ON	按钮按下后,滑动门执行关门命令,按钮所带绿色指示灯被点亮
试灯按钮(绿色)	关(OFF)	初始状态,不控制指示灯检测
	开(ON)	当该被按下时,PSL 所有指示灯均被点亮,用于指示灯检测
PSL 操作允许钥匙开关(2 位自保持型,钥匙仅可在禁止位拔出)	禁止位	当前 PSL 控制开关门功能未被启用,此位钥匙可被拔出
	允许位	当前 PSL 控制开关门功能被启用
互锁解除钥匙开关(2 位自复位型,钥匙仅可在禁止位拔出)	禁止位(关)	初始状态(此时安全回路旁路为断开状态)
	互锁解除位(开)	安全回路旁路被接通

  b. PSL 具有抗震、防尘、防潮及抗电磁干扰要求,并满足地铁环境要求,防护等级 IP55。

  c. PSL 的操作优先级别高于系统级控制,且监控主机的损坏不会影响 PSL 进行开/关等相关操作。

  ④就地控制盒(LCB)

  就地控制盒即状态转换开关,安装在每个滑动门的顶箱里,钥匙口外露。当站台上的个别滑动门发生故障无法自动打开或需要检修时,站台工作人员可以用就地控制盒对滑动门进行开/关门操作,此时信号系统对该道门不起控制作用。

  本工程 LCB 功能采用带钥匙的四位开关实现,开关各位顺时针依次为:自动/隔离/维修关/维修开。只有授权的站务人员可以拿钥匙操作 LCB。LCB 示意图如图 5.11 所示。LCB 各挡位说明见表 5.7。

图 5.11　LCB 示意图

表 5.7　LCB 各挡位说明

挡位	说明
自动挡位	门控单元仅接受来自 PSC 的开关门命令（包括来自 IBP、PSL、SIG 的命令）
隔离挡位	门控单元不接受外部命令
维修关挡位	手动控制当前滑动门关闭
维修开挡位	手动控制当前滑动门打开

单道门安全回路根据 LCB 所在挡位决定，LCB 在各挡位，本道安全回路规则见表5.8。

表 5.8　本道门安全回路规则

LCB 模式凸轮开关	本道门安全回路
隔离挡位	实时真实反映 ASD/EED 的状态
维修关挡位	本道门安全回路被旁路接通
维修开挡位	本道门安全回路被旁路接通

注：端门开关状态不串入安全回路。

⑤声光报警装置

a. 每个滑动门单元上方顶箱均配置一个门状态指示灯，并设置蜂鸣器，便于乘客和工作人员直观地观察滑动门操作的状态，声光报警装置见图 5.12，指示灯的亮灯规则见表5.9。

图 5.12　声光报警装置

表 5.9　指示灯的亮灯规则

状态	自动模式	维修模式	隔离模式
开门过程中	闪烁	闪烁	熄灭
开门到位	常亮	常亮	熄灭
关门过程中	闪烁	闪烁	熄灭
门关闭且锁定	熄灭	常亮	熄灭
开门遇障	闪烁	闪烁	熄灭
关门遇障	闪烁	闪烁	熄灭
初始化状态	闪烁	闪烁	熄灭
手动解锁中	闪烁	闪烁	熄灭
门机故障时	闪烁	闪烁	熄灭

b.每一道应急门(两扇)门设置一个门状态指示灯,外观与滑动门指示灯相同,能够分别显示左右两个应急门的状态,由其各自紧邻的 DCU 对其常亮及常灭状态进行监视,应急门打开时,指示灯状态为常亮,并产生蜂鸣报警。

c.端门单元上方顶箱配置一个门状态指示灯,便于乘客和工作人员直观地观察端门的状态。当端门打开时,指示灯常亮,并产生蜂鸣报警。

5.2.2　屏蔽门系统等电位、绝缘与接地

屏蔽门的所有结构(包括 24 个门单元及端门、应急门等)的安装采用绝缘安装,屏蔽门门体结构对地绝缘值不小于 0.5 MΩ(用 500 V 兆欧表测试);有保护底部绝缘件的措施,以防止运营过程中的水及灰尘破坏绝缘效果,绝缘件方便更换。屏蔽门端门的安装与整侧车站站台屏蔽门绝缘,以方便绝缘的检查。

除屏蔽门的所有结构的安装采用绝缘安装外,还包括在站台上距离屏蔽门门槛边线

0.9 m 宽、113.06 m 长和端门两侧各 1.5 m 宽的范围铺设绝缘地板,以及屏蔽门端门两侧 1.8 m 宽、3 m 高的墙体进行绝缘处理。

1. 绝缘电阻

在正常试验大气压条件下系统绝缘电阻要求:

①额定电压 u 不小于 60 V 时,绝缘值不小于 5 MΩ(用 250 V 兆欧表)。

②额定电压 u 不小于 60 V 时,绝缘值不小于 5 MΩ(用 500 V 兆欧表)。

③站台上屏蔽门所有设备对地绝缘值不小于 0.5 MΩ(用 500 V 兆欧表)。

2. 绝缘强度

①小于 60 V 的回路:500 Vrms,1 min;

②大于 60 V 的回路:1 500 Vrms,1 min。

3. 抗干扰性能

由于屏蔽门安装在车站站台边缘,屏蔽门系统设计考虑了接触网的载流量对屏蔽门体结构的感应电压、屏蔽门门体接走行轨引起的电位影响。装置具有防尘、防锈蚀、防潮、防霉、防震及防电磁干扰和防静电的能力。

设备的抗干扰防护措施如下:

①采用双绞线电缆

电磁干扰指从一个信号路径与相邻或附近信号路径耦合而产生的不必要的能量转换,电磁干扰正常情况下会在串联或数据系统内产生不必要或错误的信号。双绞线电缆是指两条绝缘铜线互相缠绕在一起的普通电线,双绞线电缆用来减少一对电线间的电磁干扰或电磁感应。

电磁耦合传导的巨大电压是诸多因素导致,包括辐射源与接受体之间的距离,双绞线电缆具有使两电线有和辐射源与接受体之间相同距离的特征,因此两电线的感应信号量相同,这样此感应信号将被接受体识别为共模噪声,而不是差模噪声,一般而言,屏蔽门控制电路对共模噪声的免疫力比对差异模式噪声的抑制力要高得多。

②低噪声输出电源

屏蔽门系统的驱动电源和控制电源符合 EMC 要求。

③顶箱外壳

减少顶箱内部电气设备的干扰,顶箱外壳保持良好等电位连接。

④设备等电位与接地

站台门机内的所有设备的外壳与门体等电位,并最终通过等电位电缆与钢轨等电位。避免车站其他设备与屏蔽门站台设备的相互干扰;

屏蔽门设备室内所有的电气设备柜体均与车站综合接地可靠连接。

4. 屏蔽门系统的接地

①为了保证正常上、下车乘客的安全及舒适度,车站站台屏蔽门门体结构与走行轨是相连接的,以保证屏蔽门与车辆处于同一电位。

②根据屏蔽门系统的工作环境(如接触网、接走行轨、系统内部电源泄漏等),屏蔽门系统接轨电缆截面不小于 120 mm^2,接轨电缆截面的选择保证在任何情况下流过乘客身体电流不超过 1 mA。接轨电缆与轨道的连接采用有可靠防松设计的螺栓连接,以方便拆卸,同时考虑了轨道振动带来的影响。

③屏蔽门系统设备室内的控制设备、供电设备做到可靠的保护接地,接入屏蔽门设备房内的接地端子箱。

为消除屏蔽门与列车之间存在的电位差,确保乘客和工作人员的安全,在屏蔽门与车辆之间设计及安装等电位装置,采用铜芯电缆与钢轨相互连接的方式。使整个屏蔽门门体保持等电位连接,通过等电位铜排以及等电位导线将屏蔽门的各金属部件相连,以满足等电位的要求。

为了保证每侧站台的屏蔽门等电位连接可靠,避免因导体接触不良而造成电位差。在车站站台有限长度范围内,采用一点均布的方式通过铜芯电缆将等电位铜排与钢轨相连,保证门体与车体电位相等,确保人身安全。

5. 绝缘地板敷设范围及要求

①绝缘地板敷设范围

地铁站台上敷设的绝缘地板,敷设范围为距离屏蔽门门槛边线宽 0.9 m、长 113.06 m 的区域以及整个端门中心线两边各宽 1.5 m 的区域,其中包括:绝缘地板与屏蔽门门槛间 10 mm 缝隙内支撑件及密封胶、绝缘地板与站台板上其他形式地面间的约宽 10 mm、厚 20 mm 的不锈钢收口条、站台绝缘地板与门槛的接口、绝缘地板与墙壁的接口、绝缘地板与非绝缘区的接口。

②技术要求

a. 工程总体技术要求

• 绝缘地板敷设平整、无折皱、整个站台的绝缘地板色差在 5% 以内,站台板绝缘地板能承载 650 kg/m² 不被破坏。

• 站台板铺设绝缘材料后,实测绝缘电阻不小于 0.5 MΩ(500 V 兆欧表)。绝缘地板在其寿命期限内绝缘性能不会降低,寿命不低于 15 年。

• 站台层工作环境温度(28±3)℃,相对湿度(75±15)%。绝缘地板施工环境温度 0~45 ℃,相对湿度 80%~100%。

• 屏蔽门门槛站台侧绝缘地板与墙面、门槛、站台边以及其他非绝缘地面间接口美观、可靠。

• 绝缘材料采用块材进行敷设,块材间隙用相关绝缘材料进行填充。

• 绝缘地板材料的燃烧性能不低于 GB 8624—2006《建筑材料及制品燃烧性能分级》规定的 Bfl 级,材料防火性能 Bfl;耐磨性:磨耗量不超过 0.002 g/cm²,非弹性变形;75 kg 的负载下工作不能有非弹性变形。

• 绝缘地板、其他辅材与基础的黏结强度不小于 1 MPa,能承受日常清洁工具清洁,地板不发生卷曲、脱胶等。

• 绝缘地板损坏后的维修方式、维修要求、维修时间等满足地铁运营要求。

• 绝缘地板采用单层敷设在站台上,作为站台装修完成面展示给乘客。除满足本技术要求中的机械、电气、防火性能要求外,还具有装饰性功能。

• 绝缘地板厚度为 3.5 mm,可以作为站台装修完成面,站台绝缘地板为一层敷设,两块绝缘材料的接缝处可以达到无缝连接。

• 地铁车站内每侧车站站台上有 0.2% 的坡度,绝缘地板表面也维持现有的 0.2% 的坡度。

• 绝缘地板所采用的材料无气味,易清洗,防滑,不含 PVC、卤素、铅、苯、甲苯等有害物质。

b. 站台装修完成面所敷设的绝缘地板性能指标:

• 化学性能指标:

绝缘材料的燃烧性能不低于 Bfl 级、无卤材料;

香烟烧灼反应:燃烧的香烟接触不产生损坏(发出异味、材料被烧伤等);

化学性能:地铁日常使用的清洁用品均能正常使用。

● 电气性能指标:

绝缘性能:材料本身绝缘性能(表面电阻)不低于 109 Ω。

敷设范围为距离屏蔽门门槛边线宽 0.9 m、长 113.06 m 的区域,以及整个端门中心线两边各宽 1.5 m 的区域,工程施工完毕后,其对地绝缘性能不小于 0.5 MΩ(500 V 兆欧表在冷态下测量)。

静电:在乘客经常行走过程中,材料表面与皮、塑料、橡胶、丝织品的相互磨擦不起静电。

c.其他绝缘辅助材料

所有辅助性材料除满足本技术要求外,且难燃、无毒,不会对乘客健康造成不利影响。

● 密封胶(连接缝填充物):

密封胶用于填充两块绝缘地板间隙,间隙的大小与车站地面花岗岩间隙相配合,密封胶表面与绝缘地板表面在同一水平面上。其颜色与绝缘地板协调一致,密封胶的填充不会影响绝缘地板的整体敷设效果。

密封胶为阻燃、低烟、无卤材料。

密封胶与地板基础的黏结强度不小于绝缘地板与基础的黏结强度。

利用密封胶将绝缘地板与屏蔽门门槛间的间隙进行密封。

● 底涂及黏结剂:

底涂采用环氧底涂等高绝缘性、渗透力强、成膜快、可防水的底涂材料。自流平层能适应地铁高客流的环境,有优良的流动性(流动速率不低于 130 mm)、精确自动找平,与胶水、水泥沙浆的结合紧密,提高基层密实度和硬度,拉伸黏结强度不低于 1 MPa,24 h 抗压强度不小于 6 MPa,28 d 抗压强度不低于 35 MPa(C35 级);黏结剂用于绝缘地板和基础的黏结,具有良好填补性,无溶剂,挥发性极低、干固速度快,黏结强度高,能提高绝缘地板与基础的粘力,其胶接强度(ER 型)不低于 1 MPa。

d.与其他地面、墙面、屏蔽门门槛接口的材料

接口材料主要功能是将周边建筑物与屏蔽门绝缘地板隔离开并起装修作用,绝缘地板与屏蔽门门槛、绝缘地板与站台层其他地面、绝缘地板与墙面等的接口方案及所使用的材料。绝缘带示意图见图 5.13。

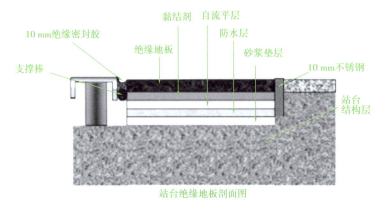

站台绝缘地板剖面图

图 5.13 绝缘带示意图

绝缘地板与屏蔽门门槛的接口材料为绝缘材料,以方便绝缘材料及屏蔽门系统各自的调试、检测、验收。材料为阻燃、无毒、施工维修方便。

绝缘地板与墙面、其他地面的接口方式与墙面装修,地面装修进行协调,以使整个站台地板的装修效果协调一致。

5.2.3 屏蔽门故障处理流程

(1)接到故障抢修通知后,根据故障情况携带相关工器具在 30 min 内赶赴现场救援及排除故障。

(2)按照"先通后复"的原则组织抢修维修,尽可能迅速恢复正常设备运行。

(3)维修人员根据现场情况,需列车限速进站时,须立刻向维调提出限速要求,由维调告知行调。

(4)若未能及时处理,立即通知专业技术人员。故障当天处理不了的,应汇报部门主管及时将设备情况和所需的支援上报维修调度和上级部门。

(5)故障排除及故障原因清楚后,应对设备进行测试,确认设备运行正常后,恢复设备正常运行。

(6)及时将设备恢复的情况上报维修调度,并做好维修记录。

(7)进行设备故障原因调查,提交分析报告,落实整改措施。

5.2.4 屏蔽门一般机械故障处理方法

1. 障碍物报警

故障现象:门头灯闪烁;或现场有遗留物,造成某道屏蔽门无法关闭或打开故障。

故障分析:屏蔽门具备障碍物报警功能。当障碍物厚度大于 5 mm,门体无法正常关闭,连续关三次后,门全开。同时向 PSC 上传障碍物警报信息。当 DCU 障碍物报警后,若不及时处理,整侧无安全回路,无法发车。

处理方法:检查门槛有无异物;用手将门体手动关闭或用 LCB 重新操作,然后 LCB 手动开/关门 1 次,将 DCU 故障报警状态消除即可恢复正常。

2. 门头灯故障

屏蔽门开/关门过程中,门头灯闪。开/关门过程中三次遇见障碍物,或者 DCU 出现故障时,门头灯闪烁频率加快。当应急门开启时,其相邻的屏蔽门门头灯常亮。

故障现象 1:滑动门门头灯开门后不亮。

故障分析:该灯是单道门的状态指示灯。在门打开后,不亮的原因一是门头灯坏;二是门头灯的接线和插头松动;

处理方法:一是更换该门头灯;二是检查门头灯的接线和插头。

故障现象 2:应急门门头灯关门后常亮。

故障分析:该灯是单道门的状态指示灯。在门关闭后,常亮的原因是应急门未锁紧或者是接近开关坏。

处理方法:应急门重新打开再锁闭即可恢复正常。

故障现象3:屏蔽门门头灯开门后或关门后闪烁频率加快。

故障分析:根据指示灯闪烁频率可以判断是障碍物报警或DCU故障报警。

处理方法:移除障碍物,LCB操作开关门,再打回自动;重新启动DCU;如仍无法修复,更换DCU。

3. 手动解锁故障

手动解锁故障处理见图5.14。

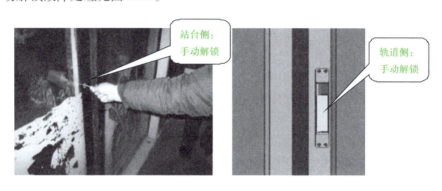

站台侧:
手动解锁

轨道侧:
手动解锁

图5.14 手动解锁故障处理

故障现象:门头灯常亮,无法开或关门。

故障分析:闸锁故障,无法正常动作,或机械故障,手动解锁顶杆过高、闸锁过低,而导致顶杆与闸锁间隙过小,无法正常脱开。

处理方法:①手动解锁开门,左右门扇在中间接近锁闭位置有无明显卡阻,无法开门则向下微调手动解锁顶杆或向上微调闸锁机构;②LCB操作检查闸锁是否正常动作,不动作则检查闸锁接线和接头有无松动;③更换闸锁。

4. 滑动门左右门到位光电开关故障

故障现象:无安全回路;无法开门;DCU门控单元警报。

故障分析:左右门到位,各有一个光电开关,当门到位时,门挂板上的挡片遮挡住光电开关的接收端,常闭变常开。该光电开关是安全回路导通的必要条件。同时DCU监控到左右门到位开关的状态不正常,即进入报警状态,从而造成屏蔽门开门故障。

处理方法:①挡片是否能正常遮挡光电开关接收端;②光电开关接线和插头松动;③更换光电开关。

5. 屏蔽门开/关门故障

故障现象:列车信号开门后,某道滑动门无法打开,门头灯闪烁。

故障分析:可能门体机械故障;DCU故障;端子接线松动。

处理方法:①用三角钥匙手动开门,若手动无法解锁,按照手动解锁故障流程处理;②手动解锁拉开滑动门观察门体是否有卡阻现象,若卡阻严重,按照屏蔽门机械故障中地槛、门体、门挂板滚轮的故障处理方法检查;③紧固门头内各接线插头,重启DCU,再用将LCB开关门;④按照滑动门左右门到位光电开关故障处理方法检查;⑤检查闸锁是否能正常吸合、释放;⑥检查电机是否动作;⑦更换DCU。故障处理过程中还可通过PSA监控软件查找该门的历史信息,检查是否有电机、解锁故障等相关信息,以利于故障的进一步分析和检修。

6.门控单元 DCU 故障

故障现象:PSA 监控报门控单元故障;屏蔽门不能正常开/关门。

故障分析:DCU 属于现场控制器,对开/关门状态进行监视和控制。DCU 故障既可能会引起其他相关外围设备的故障;反过来,其他相关外围设备的故障也可能引起 DCU 故障。DCU 故障可能造成屏蔽门无法开/关门或不能全部打开或关闭或开/关门与其他门不同步;总线故障;门头灯状态不正常等。

处理方法:①检查 DCU 小窗口 I/O 指示灯状态;②检查 DCU 内所有的端子可插拔端子是否连接牢固;③重启 DCU,操作 LCB 查看门状态;④重新更新 DCU 软件;⑤更换 DCU。

7.电机故障

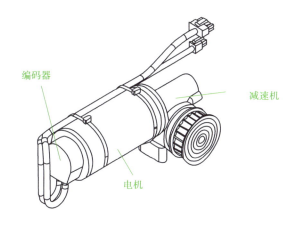

图 5.15　电机示意图

故障现象:屏蔽门开/关门过程中,门体抖动剧烈或运行失控;PSA 报电机故障。

故障分析:电机故障可能原因:门体剐蹭;皮带松动或过紧;减速机故障;DCU 驱动部分故障;电机本体线圈或编码器故障。

处理方法:①检查屏蔽门故障记录,是否有电机故障报警;②LCB 钥匙手动开/关门,观察有无异常声响;③观察皮带、皮带轮等传动部件是否过紧或松弛;④检查电机接线和插头是否松动;⑤重启 DCU;⑥更换 DCU;⑦更换电机。

8.应急门/端门行程开/关故障

故障现象:门头灯状态不正常,应急门行程开/关故障,还会导致安全回路出现故障而影响运营。

故障分析:应急门/端门行程开关故障主要有几类,一类是人员开应急门/端门后,未把应急门/端门关好;二类是接近开关与锁舌配合不到位,导致接近开关超出感应范围而造成安全回路断路;三类为接近开关本身问题;四类是门锁机构异常,门未锁闭。

处理方法:一是重新将门关紧,二是对接近开关或锁杆位置进行调整;三是更换接近开关;四是调整门锁机构,必要时进行更换。

应急措施:当应急门出现该类故障,为保障运营正常,应急处理时可以将旁边的滑动门 LCB 打到手动位,或在接近开关旁放置铁片使接近开关的霍尔传感器动作。

5.2.5 屏蔽门一般电气故障处理方法

1. PSL 电气故障

PSL 示意图见图 5.16。

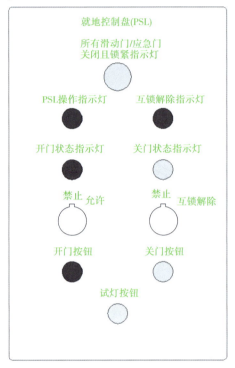

图 5.16 PSL 示意图

①PSL 钥匙开/关故障

故障现象:PSL 钥匙插入后打到允许位置,PSL 操作指示灯不亮;互锁解除钥匙插入后打到互锁解除位,互锁解除指示灯不亮;钥匙无法插入锁芯。

故障分析:原因一是 IBP 盘在允许位优先级高,PSL 允许无效;二是开/关接线松动或脱落;三是钥匙开关接触不良或损坏;四是钥匙损坏。

处理方法:a. 确认 IBP 盘位置,再进行操作;b. 测量线路、紧固接线;c. 更换钥匙开关;d. 更换钥匙。

②PSL 按钮开/关故障

故障现象:PSL 操作指示灯亮;开关门按钮无法正常开关门。

故障分析:按钮接线松动脱落或按钮本身损坏。

处理方法:一是紧固接线;二是更换按钮。

③PSL 回路及继电器故障

故障现象:司机手动操作 PSL 无法打开或关闭整侧屏蔽门;或者客运操作互锁解除信号无法送到 SIG 信号系统。

故障分析:相关回路接线松动;PSL 开/关门继电器故障;PSL 互锁解除继电器故障。

PSL 开/关门回路电源故障。

处理方法:打开 PSC 柜,参考《控制原理图》,用万用表对 PSL 回路进行检查。用万用表检查 PSL 开/关门回路电压是否正常。

2. IBP 电气故障

故障现象:IBP 钥匙插入后整侧屏蔽门无法开门;IBP 钥匙无法插入锁芯。

故障分析:原因一是钥匙开关损坏;二是钥匙损坏;三是开/关接线松动或脱落;四是 PEDC 坏。

处理方法:从车控室短接 IBP 开门信号线,滑动门能否正常开启,是则通知自动化专业前来处理,否则检查 IBP 盘至屏蔽门设备房端子的通断情况,再排查 PEDC 继电器故障。

3. PSC 柜故障

①PSC 柜指示灯故障

故障现象:PSC 柜内通过试灯按钮测试指示灯时,有指示灯不亮。

故障分析:指示灯坏。

处理方法:更换指示灯。

②显示器故障

故障现象:PSA 显示器无输出或黑屏。

故障分析:无输出可能由于 VGA 视频线松动或工控机故障引起,黑屏可能由于电源线松动或显示器本身故障引起。

处理方法:a. 检查显示器接线;b. 更换显示器。

③工控机故障

故障现象:PSA 显示器无输出;工控机不亮;综合监控无法监视屏蔽门状态;工控机无法启动 Windows 系统。

故障分析:监控主机使用研华工控机,采用 Windows XP 操作系统,显卡的故障可能引起 PSA 显示器无输出,内存故障可能引起工控机无法启动,网卡故障可能引起与综合监控主机不能通信等。

处理方法:a. 检查接线;b. 更换主机。

④软件故障

故障现象:工控机无法进入 XP 系统,无法打开监控软件,监控软件监控不到门状态。

故障分析:门头通过 CAN 总线将各个门状态信息上传给 PEDC,PEDC 通过 RS422 串口电缆将整侧门状态信息上传给工控机,工控机通过以太网卡将整个站状态信息上传给综合监控主机,同时工控机将屏蔽门设备状态信息通过 PSA 软件进行人机交互。

处理方法:重装系统;重装软件;重设通信接口与波特率;检查通信线缆连接。

⑤总线故障

故障现象:PSC 面板上的总线故障指示灯亮,MMS 界面中显示若干 DCU 不在线。

故障分析:①PEDC 损坏或工作异常;②总线电缆有接触不良;③个别 DCU 断电或 CAN 总线连接器连接异常;④终端电阻异常。

处理方法:①检查 PEDC 是否上电正常工作,并检查 PEDC 的总线连接器是否连接良好;②察看 MMS 界面,如果是连续多个 DCU 掉线,则从发生总线故障的 DCU 的上一个

DCU 的总线连接开始查起,从近设备房向远设备房方向检查;③检查掉线的 DCU 是否通电;④检查 DCU 主板上的地址开关设置是否正确;⑤检查总线两端的终端电阻,也可以从远离设备房一侧的终端电阻拨到"ON"位,看掉线的 DCU 是否能与总线连接。

⑥ISCS 以太网通信失败

故障现象:PSC 柜 Windows 桌面显示网络未连接;ISCS 不能正常查看屏蔽门系统的状态。

故障分析:①ISCS 以太网通信链路出现问题或接口设备出现问题;②IP 地址设置错误;③有光纤的车站,可能是光电转换器发生故障。

处理方法:①确认通信网卡、网线等正常;②确认与综合监控相连接的 IP 地址设置是否正确;③确认光电转换器工作是否正常。

⑦PEDC 硬件故障

故障现象:①PEDC 工作异常,不能正常响应 SIG\PSL\IBP 外部控制命令,继电器组不动作;②不能发出控制命令到门头 DCU;③与 MMS 软件失去通信。

故障分析:①PEDC 工作电压异常;②个别继电器或多个继电器发生故障;③PEDC的 IO 口器件有损坏。

处理方法:①检查 PEDC 的输出电压是否为 DC24V,上电动作后其正常压降是否在规定范围内;②检查 MMS 软件里是否有安全继电器故障记录;③更换 PEDC。

4.交流监控单元常见故障处理

①接触器不能吸合

故障现象:交流一路吸合不上。

原因分析:交流一路接触器没工作。

处理方法:①检查交流监控开关是否打在自动挡,或强制 A 路;②检查接线是否正确、牢固;③将监控单元的一路控制端短接,测量一路交流接触器的线圈:如线圈电压正常,接触器仍不能工作,需更换交流接触器;如线圈无电压或异常,需检查线路;如通电后接触器能够吸合,需要检查交流监控内部的保险是否熔断;如果熔断,更换即可;如果正常,需与厂家联系更换此监控单元。

②交流不能自动切换

故障现象:交流一路停电、二路吸合不上。

原因分析:交流二路接触器没工作。

处理方法:①检查开关是否打在自动挡;②检查交流一路停电时,交流监控是否有工作电源;③检查接线是否正确、牢固;④短接二路控制端,通上二路交流电,测量二路交流接触器的线圈:如线圈电压正常,接触器仍不能工作,需更换交流接触器;如线圈无电压或异常,需仔细检查线路;如通电后接触器能够吸合,需要检查交流监控内部的保险是否熔断。如果熔断,重新更换即可;如果正常,需与厂家联系更换此监控单元。

③交流过欠压

故障现象:主监控报交流电压过高或过低。

原因分析:监控器检测到的交流电压超过设定范围。

处理方法:①查看主监控菜单"系统设置"菜单交流过欠压值是否正确(交流过压值

437 V,欠压值 323 V);②测量实际交流电压,与主监控显示是否一致。如实际电压超过设定范围,需要将交流电压调低,避免事故扩大;如实测值与显示值偏差较大,需与厂家联系更换该单元。

5.2.6 屏蔽门常用备件更换

1.滑动门门锁更换准备工作及操作步骤
①准备工作

操作人员:2 人。

工具:钥匙、脚手架、玻璃吸盘、M4 内六角扳手、M8 开口扳手、十字螺丝刀。

材料:完好的滑动门门锁。

由于本工程的屏蔽门滑动门中只需要左滑动门配备用解锁装置,所以只有左滑动门有更换门锁的可能。

滑动门门锁的更换需拆卸下滑动门,拆下滑动门的方法请参考上面导靴的更换。

②操作步骤

a. 把滑动门从屏蔽门上拆下放置于平台后,取下滑动门胶条。

b. 使用 M8 开口扳手把滑动门上部的 4 颗 M8 螺丝取下,顶块下面的螺母也一并取下,把顶块取下。

c. 之后把锁扣取下,方便把滑动门门锁取出,如图 5.17 所示。

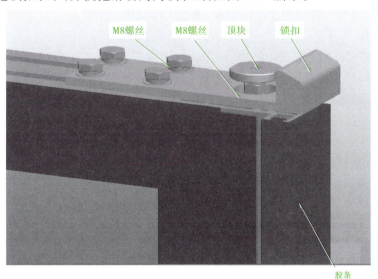

图 5.17 解锁顶块的拆卸

d. 使用 M4 内六角扳手取下图 5.18 所示的 M4 内六角螺钉,把锁套取出。把图 5.18 所示的 5 个 M5 螺钉用十字螺丝刀取下。

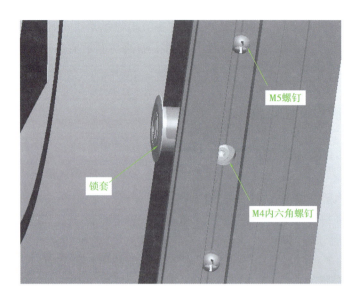

图 5.18　门锁固定螺钉的拆卸

e. 把滑动门门锁从门框内腔中取出。

f. 换上待更换的门锁。

g. 把刚刚拆卸下的零件一一安装好。

h. 把滑动门安装回屏蔽门上。

i. 调试滑动门使之能正常工作。

2. 滑动门玻璃更换（需更换整扇门体）准备工作及操作步骤

①准备工作

操作人员：2 人。

工具：钥匙、脚手架、玻璃吸盘、扳手、十字螺丝刀。

材料：完好的整扇滑动门。

由于玻璃粘接后固化需要时间较长（24 h 以上），为了不影响正常运营，所以玻璃损坏需要更换整扇门体。更换前需准备好一扇完好的门体，（门锁也可以不更换，把损坏的门体拆卸后拆下门锁安装至待更换门体）。下面的更换步骤含门锁更换，连门锁一起更换的可以略过该步骤。

由于本工程的滑动门中只有左滑动门配备用解锁装置，因此右滑动门的玻璃损坏直接更换整扇右滑动门门体即可。

②操作步骤

a. 参考上面更换导靴的方法取下滑动门。

b. 把损坏的滑动门从屏蔽门上拆下放置于平台后，取下滑动门胶条。

c. 使用 M8 开口扳手把滑动门上部的 4 颗 M8 螺丝取下，顶块下面的螺母也一并取下，把顶块取下。

d. 之后把锁扣取下，方便把滑动门门锁取出，如图 5.19 所示。

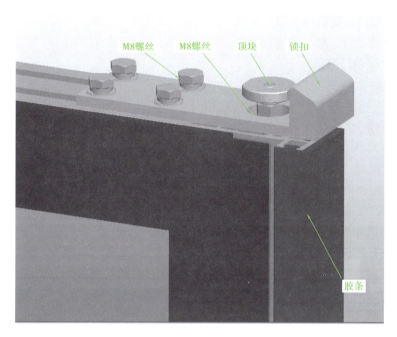

图 5.19　解锁顶块的拆卸

e. 使用 M4 内六角扳手取下如图 5.20 所示的 M4 内六角螺钉,把锁套取出。把图5.20
所示的 5 个 M5 螺钉用十字螺丝刀取下。

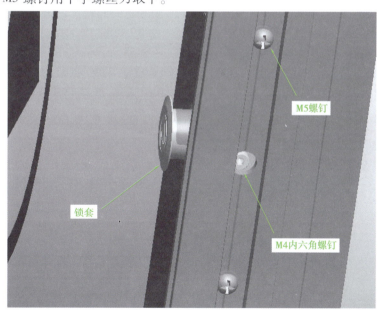

图 5.20　门锁固定螺钉的拆卸

f. 把滑动门门锁从门框内腔中取出。

g. 把待更换的门体胶条拆下。

h. 把门锁换至待更换门体上,并拧上固定螺钉。

i. 把锁套安装至待更换的门体上。

j. 安装好滑动门上部的顶块及锁扣。

k. 安装上滑动门胶条。

l. 安装好滑动门并调试好。

3. 应急门门锁更换准备工作及操作步骤

①准备工作

操作人员:2 人

工具:钥匙、脚手架、M4 内六角扳手、M6 内六角扳手、M6 梅花扳手或开口扳手、十字螺丝刀

材料:完好的应急门门锁

应急门门锁的更换必须拆卸下门体。

准备好完好的应急门门锁一套。

下面以左应急门为例说明门锁的更换,右应急门门锁的更换方法与左应急门一样。拆卸应急门前,必须先打开应急门断开其背后上部的等电位连接!

②操作步骤

a. 使用钥匙打开应急门上方的活动面板并保持打开状态。

b. 使用钥匙把应急门门锁打开,并把应急门保持在 90°的打开状态。

c. 使用 M6 内六角扳手松开应急门门楣梁底板上的闭门器连接,闭门器连杆在应急门上一端的 M6 螺丝也一并取下。取下闭门器连杆,使应急门能处于自由状态,如图 5.21、图 5.22 所示。

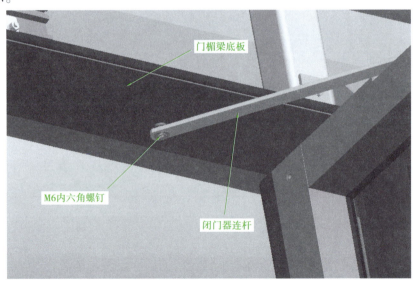

图 5.21　闭门器门楣梁上的连接

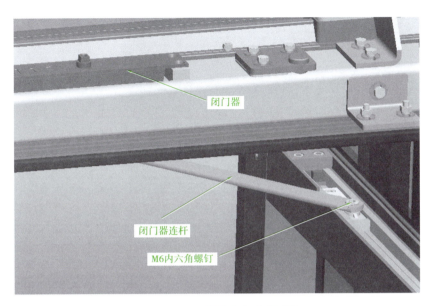

图 5.22　闭门器应急门上的连接

d. 使用 M6 梅花扳手或开口扳手拆下应急门上转轴上的 3 颗 M6 固定螺栓,取下应急门上转轴,如图 5.23 所示。

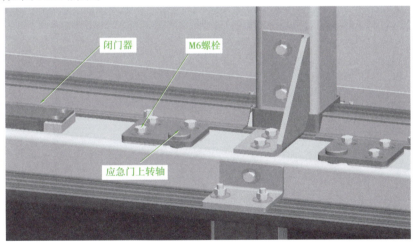

图 5.23　应急门上转轴的拆卸

e. 把应急门往上提起即可拆卸下应急门。

f. 将应急门放置在平台上。取下应急门上的胶条,如图 5.24 所示。

g. 把应急门推杆略往下压,使固定块上的观察孔能看见转臂内的 M4 紧定螺钉,使用 M4 内六角扳手把该螺钉拧下。同样把推杆另一端转臂上的 M4 紧定螺钉也取下。然后把左右 2 个插销取出,卸下推杆(连同转臂)。固定块不必拆卸,如图 5.25、图 5.26 所示。

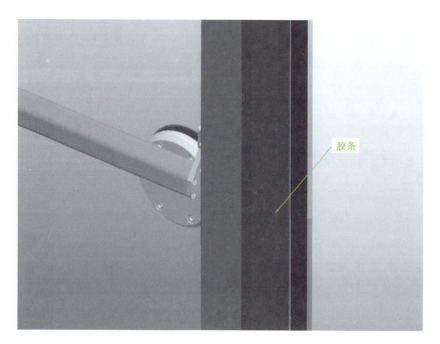

胶条

图 5.24 应急门胶条的拆卸

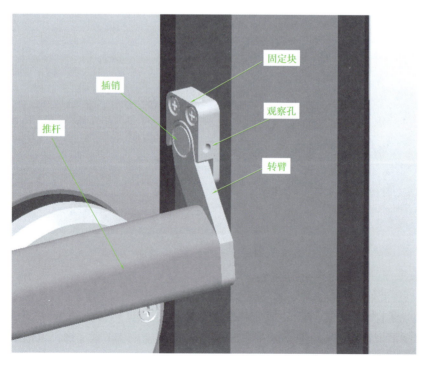

固定块

插销

观察孔

推杆

转臂

图 5.25 转臂的拆卸

图 5.26　推杆拆卸后

h. 使用 M4 内六角扳手取下如图 5.27 所示的 M4 内六角螺钉。

M4螺钉

图 5.27　取下 M4 螺钉

i. 取下如图 5.28 所示的锁套。

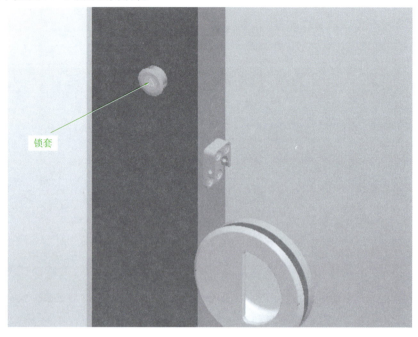

锁套

图 5.28　取下锁套

j. 使用十字螺丝刀取下如图 5.29 所示的 7 颗 M5 螺钉。

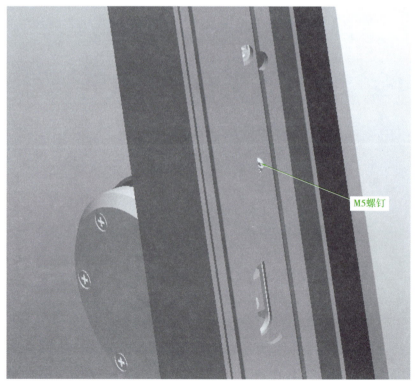

M5 螺钉

图 5.29　取下 M5 螺钉

k.将应急门门锁从型材腔中抽出。

l.换上完好的应急门门锁。

m.将门锁在门体上安装好。将锁套、推杆、胶条安装好。

n.安装好应急门并调试好。

4.应急门玻璃更换(需更换整扇门体)准备工作及操作步骤

①准备工作

操作人员:2人

工具:钥匙、脚手架、玻璃吸盘、M4内六角扳手、M6内六角扳手、M6梅花扳手或开口扳手、十字螺丝刀

材料:完好的整扇应急门

由于玻璃粘接后固化需要时间较长(24 h以上),为了不影响正常运营,所以玻璃损坏需要更换整扇门体。更换前需准备好一扇完好的门体(门锁及拉手也可以不更换,把损坏的门体拆卸后拆下门锁及拉手安装至待更换门体)。下面的更换步骤含门锁及拉手的更换,连门锁及拉手一起更换的可以略过该步骤。

下面以左应急门为例说明玻璃的更换,右应急门玻璃的更换方法与左应急门一样。

拆卸应急门前,必须先打开应急门断开其背后上部的等电位连接!

②操作步骤

a.使用钥匙打开应急门上方的活动面板并保持打开状态。

b.使用钥匙把应急门门锁打开,并把应急门保持在90°的打开状态。

c.参照上面应急门门锁的更换方法拆卸下应急门。

d.将应急门放置在平台上。取下应急门上的胶条,如图5.30所示。

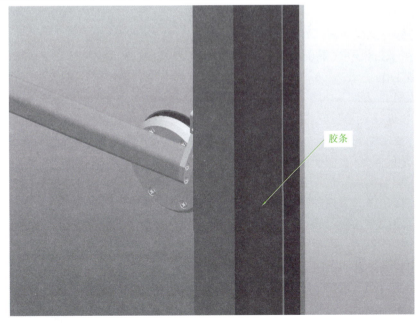

胶条

图5.30 应急门胶条的拆卸

e.使用十字螺丝刀将门拉手上的6颗M6螺钉松开,取下拉手,如图5.31所示。

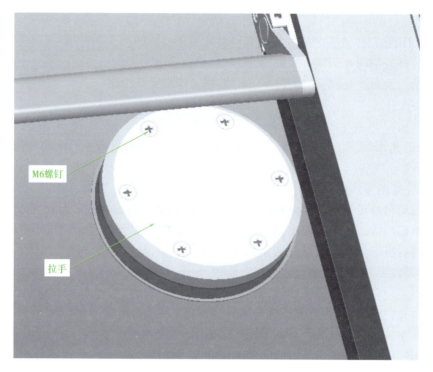

图 5.31　门拉手的拆卸

f. 参照上面应急门门锁的更换拆卸下门锁。

g. 把拆下的门锁换至待更换的应急门上,并把推杆、锁套、胶条等安装好。

h. 安装好拉手。

i. 安装好应急门并调试好。

5. 固定门玻璃更换(需更换整扇门体)准备工作及操作步骤

①准备工作

操作人员:3 人

工具:钥匙、脚手架、玻璃吸盘、割刀(用于划开玻璃四周的耐候胶)、打胶枪、M10 内六角扳手

材料:整扇固定门、耐候硅酮胶

由于玻璃粘接后固化需要时间较长(24 h 以上),为了不影响正常运营,因此玻璃损坏需要更换整扇门体。更换前需准备好一扇完好的门体。

拆卸固定门前,必须先断开固定门背后下部的左右 2 个等电位连接(在轨道侧)。

②操作步骤:

a. 使用钥匙打开固定门上方的活动面板并保持打开状态。

b. 使用割刀把固定门玻璃四周的耐候胶划开并清除干净,使玻璃与四周的粘接脱离。如图 5.32 所示。

图 5.32 割胶

c. 2 人使用玻璃吸盘固定住固定门玻璃,1 人使用脚手架把活动面板内门楣梁上的左右 4 颗 M10 内六角螺钉拧开,取下左右 2 个固定角码。(取出固定角码后,固定门已处于自由状态,此时起需注意把持住固定门,防止固定门向站台侧倒下。固定门背后即轨道侧有左右挡板和立柱支撑,不必担心固定门向轨道侧倾倒)如图 5.33 所示。

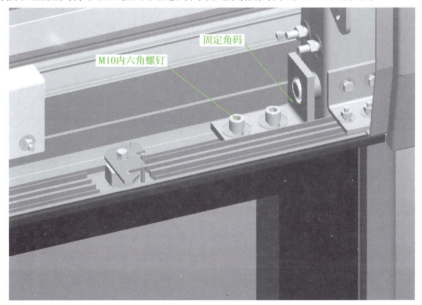

图 5.33 固定角码的拆卸

d. 抓住玻璃吸盘,保持固定门下端不动,让固定门上端向站台侧慢慢倾斜约 5°,脱离门楣梁范围。(固定门非常重,需注意安全)

e. 把固定门往上提起约 10 mm,即可取下固定门。

f. 把待更换的固定门门体更换上。

g. 固定好角码并调试好后锁紧。

h. 使用打胶枪把耐候胶灌注于玻璃四周的缝隙中，并清除多余的耐候胶。

6. 端门玻璃更换（需更换整扇门体）

端门的结构形式及安装方式均与应急门一样，所以端门玻璃的更换可参照应急门玻璃的更换，在此不再赘述。

7. 应急门及端门闭门器更换准备工作及操作步骤

①准备工作

操作人员：2 人

工具：钥匙、脚手架、M6 内六角扳手、十字螺丝刀

材料：型号为 GMT1505

屏蔽门系统的左右应急门（端门）采用同一种闭门器，不分左右。

②操作步骤

a. 使用钥匙打开应急门（端门）上方的活动面板并保持打开状态。

b. 使用钥匙把应急门（端门）门锁打开，并把应急门（端门）保持在90°的打开状态。

c. 使用 M6 内六角扳手松开应急门（端门）门楣梁底板上的闭门器连接，如图 5.34 所示。

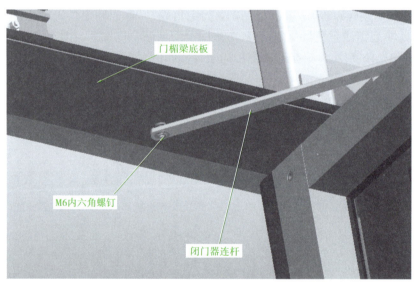

图 5.34　闭门器门楣梁上的连接

　　d. 使用 M6 内六角扳手松开闭门器连杆在门体端的 M6 螺丝，取下闭门器连杆。

　　e. 使用十字螺丝刀拧下门楣梁上闭门器的 4 颗 M5 螺钉，取下闭门器，如图 5.35 所示。

　　f. 将待更换的闭门器装上，按照随附的闭门器说明书调节好应急门（端门）的开关门力及开启角度。

　　g. 检查应急门（端门）无异常后合上上方活动面板。

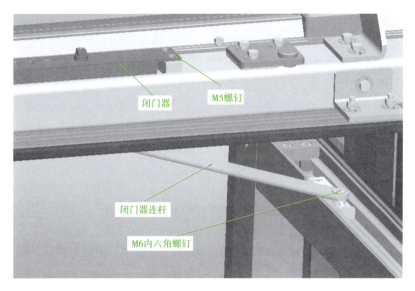

图 5.35　闭门器的拆卸

8.电磁锁更换准备工作及操作步骤

①准备工作

操作人员:1 人

工具:钥匙、脚手架、M6 内六角扳手

材料:完好的电磁锁

②操作步骤

a.使用钥匙打开滑动门上方的活动面板并保持打开状态。

b.把门机梁上面电磁锁的电气连线拔出。

c.使用 M6 内六角扳手拆卸下固定电磁锁的 4 颗 M6 螺钉,取下电磁锁,如图 5.36 所示。

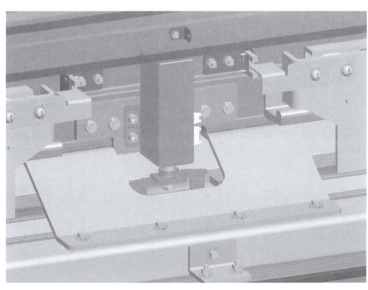

图 5.36　电磁锁的拆卸

d. 换上待更换的电磁锁,把 4 颗 M4 螺钉拧紧。

e. 把刚刚拔出的电气插头对准原位置插上。

f. 开关滑动门检测电磁锁的工作是否正常,无问题后把上方活动面板合上。

9. 滑动门导靴更换准备工作及操作步骤

①准备工作

操作人员:2 人

工具:钥匙、适合 M5、M8 螺丝的梅花扳手(或开口扳手)、一字螺丝刀、橡胶锤或木槌、玻璃吸盘、可站人的脚手架

材料:新的导靴

滑动门导靴属于易损件,当磨损严重,造成滑动门开启和闭合出现异常时,需要更换导靴。更换导靴前须卸下滑动门。

为便于滑动门的拆卸,请使用脚手架打开滑动门上方的活动面板并保持打开状态。

②操作步骤

a. 使用解锁钥匙打开滑动门,打开左右滑动门间距约 300 mm,如图 5.37 所示。

打开活动面板

300 mm

图 5.37 打开滑动门

b. 拧下活动面板内如图所示的 4 颗 M5 螺母,连同毛刷一起取下毛刷型材,如图 5.38 所示。

c. 拧下滑动门吊挂件上的 8 颗 M8 螺栓(为防止重装时吊挂位置变动,请拆吊挂件前在滑动门上横梁上用记号笔做好吊挂件的位置记号),取下吊挂件与滑动门上横梁之间的垫片,如图 5.39 所示。

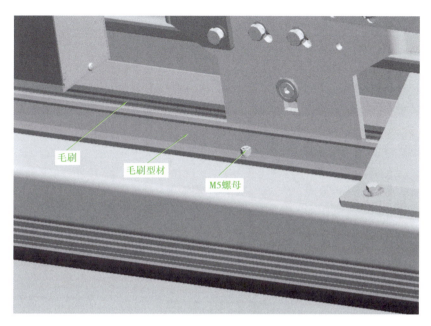

图 5.38　取下毛刷型材

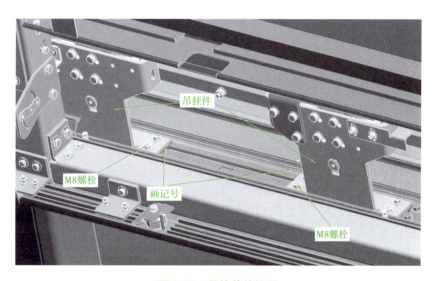

图 5.39　吊挂件的松开

  d. 使用玻璃吸盘吸住滑动门玻璃,让滑动门上部往轨道侧倾斜 2~3°,使滑动门上部脱离吊挂件。

  e. 一人抓住玻璃吸盘,一人抓住滑动门门框,往上提起约 25 mm,使滑动门离开门槛导槽,便可取下滑动门,把滑动门放置于平台上。

  f. 使用一字螺丝刀撬开损坏的滑动门导靴,更换上准备好的导靴,如图 5.40 所示。

  g. 使用玻璃吸盘,扶住滑动门,把滑动门下部放回门槛导槽,让吊挂件对准之前在滑动门上横梁上的记号,紧固好螺栓。

  h. 检测滑动门的打开关闭是否正常。

i. 盖好上方活动面板。

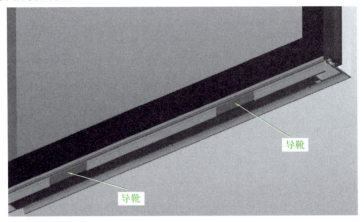

图 5.40 导靴的更换

复习思考题

1. 结合自己工作谈谈看懂电路图的难点和重点在哪些方面？
2. 一般电路图的识图步骤有哪些？
3. 电梯常见机械故障的类型及原因？
4. 扶手带速度异常的故障原因及处理方法有哪些？
5. 无机房电梯的困人救援步骤有哪些？
6. 梯级更换的步骤及注意事项有哪些？
7. 在电梯机房内作业时，应注意哪些安全问题？
8. 防止超越行程的保护装置由哪些开关组成，各起什么作用？
9. 简述三相交流异步电动机的工作原理。
10. 什么是接地、接地体、接地线和接地装置？
11. 试分析电梯限速器动作而安全钳不起作用的原因。
12. 简答屏蔽门导靴的作用及其分类。
13. 屏蔽门对地绝缘不合格会造成哪些影响？不合格的原因有哪些？
14. 简答电路中逆变定义及作用。
15. 简答屏蔽门检修计划。
16. 简答屏蔽门安全回路的组成及功能。
17. 什么情况下使用应急门？
18. 简答绝缘层施工顺序。
19. 屏蔽门 DCU 功能有哪些？
20. 什么是直流、交流电源两者有什么区别？

项目6 高级工理论知识及实操技能

任务6.1 电扶梯

6.1.1 电扶梯调速原理及故障处理方法

1. 交流异步电动机变频调速原理

变频器是利用电力半导体器件的通断作用把电压、频率固定不变的交流电变成电压、频率都可调的交流电源。变频器基本结构原理框图见图6.1。

现在使用的变频器主要采用交—直—交方式（VVVF变频或矢量控制变频），先把工频交流电源通过整流器转换成直流电源，然后再把直流电源转换成频率、电压均可控制的交流电源以供给电动机。

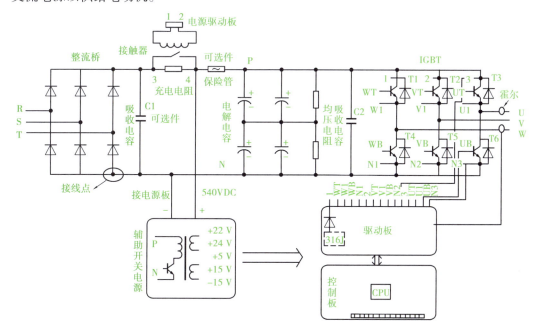

图6.1 变频器

变频器主要由整流(交流变直流)、滤波、逆变(直流变交流)、制动单元、驱动单元、检测单元微处理单元等组成的。

整流电路:由 VD1 - VD6 六个整流二极管组成不可控全波整流桥。对于 380 V 的额定电源,一般二极管反向耐压值应选 1 200 V,二极管的正向电流为电机额定电流的 1.414 ~ 2 倍。

2. 变频器各元件作用

①电容 C1:是吸收电容,整流电路输出是脉动的直流电压,须加以滤波;

②压敏电阻:有三个作用,一是过电压保护,二是耐雷击要求,三是安全规则测试需要;

③热敏电阻:过热保护。

④霍尔传感器:安装在 UVW 的其中两相,用于检测输出电流值。选用时额定电流约为电机额定电流的 2 倍左右。

⑤充电电阻:作用是防止开机上电瞬间电容对地短路,烧坏储能电容开机前电容两端的电压为 0 V;所以在上电(开机)的瞬间电容对地为短路状态。如果不加充电电阻在整流桥与电解电容之间,则相当于 380 V 电源直接对地短路,瞬间整流桥通过无穷大的电流导致整流桥炸掉。一般而言变频器的功率越大,充电电阻越小。充电电阻的选择范围一般为:10 ~ 300 Ω。

⑥储能电容:又叫电解电容,在充电电路中主要作用为储能和滤波。PN 端的电压工作范围一般在 430 ~ 700 VDC,而一般的高压电容都在 400 VDC 左右,为了满足耐压需要就必须是两个 400 VDC 的电容串起来作 800 VDC。容量选择不小于 60 μf/A。

⑦均压电阻:防止由于储能电容电压的不均烧坏储能电容;因为两个电解电容不可能做成完全一致,这样每个电容上所承受的电压就可能不同,承受电压高的发热严重(电容里面有等效串联电阻)或超过耐压值而损坏。

⑧电容 C2:吸收电容,主要作用为吸收 IGBT 的过流与过压能量。

⑨VT1 - VT6 逆变管(IGBT 绝缘栅双极型功率管):构成逆变电路的主要器件,也是变频器的核心元件。把直流电逆变频率,幅值都可调的交流电。

⑩VT1 - VT6 是续流二极管:作用是把在电动机在制动过程中将再生电流返回直流电提供通道并为逆变管 VT1 - VT6 在交替导通和截止的换相过程中,提供通道。

⑪电源板:开关电源电路向操作面板、主控板、驱动电路、检测电路及风扇等提供低压电源,开关电源提供的低压电源有:± 5、± 15、± 24 V 向 CPU 其附属电路、控制电路、显示面板等提供电源。

⑫驱动板:主要是将 CPU 生成的 PWM 脉冲经驱动电路产生符合要求的驱动信号激励IGBT 输出电压。

⑬控制板(CPU 板):也称 CPU 板,相当人的大脑,处理各种信号以及控制程序等部分。

6.1.2　电扶梯疑难故障处理方法

1. 垂直电梯在运行过程中轿厢震动的原因

①电梯轿厢的震动主要来源于曳引机运转产生的震动。

②曳引轮绳槽产生的误差。

③导向轮的偏差。

④钢丝绳直径的偏差。

⑤曳引绳张力不均匀。

⑥导轨质量及其安装误差。

⑦导靴形状与安装偏差。

⑧空轿厢自身不平衡。

⑨与轿厢固有频率共振。

2. 垂直电梯平层开门时,轿门打开但厅门打不开,故障原因及处理方法

①原因可能有:

a. 轿厢变形使门刀挂不住门滚轮;

b. 安装维修时门刀与厅门滚轮齿合深度不够,负载稍不平衡门刀就挂不住门滚轮;

c. 导轨支架松动,造成导轨垂直度超差,平行度变大,从而导致厅门,轿门不同步;

d. 某一层门滚轮脱落,造成轿门门刀挂不住厅门。

②处理方法:

a. 矫正轿厢;

b. 重新调整门刀与门滚轮的齿合深度,使门刀与滚轮齿合深度符合要求(至少大于门滚轮的1/2);

c. 固定导轨支架,调整导轨垂直度与平行度;

d. 检修门钩子锁,使其灵活好用。

3. 自动扶梯梯级跑偏的处理过程

自动扶梯运行一周以上,在上下梳齿板处观察梯级是否刮梳齿,若有摩擦声说明梯级刮梳齿。

①梳齿板偏移:

a. 将梳齿板卸下;

b. 将梳齿板摆正后将螺钉紧固。

②个别梯级刮梳齿,调整方法如下:

a. 将扶梯下部踏板打开,插入检修盒;

b. 将刮梳齿的梯级做好记号并点动至下部折返处;

c. 将梯级向反方向微调,与上下梯级线对齐;

d. 将调好梯级点动至梳齿板处观察梳齿是否刮梯级;

e. 调整完毕将梯级点动回来并紧固,恢复并运行。

③所有梯级都刮梳齿,调整方法如下:

a. 打开前沿板左右的内盖板;

b. 通过前沿板滑轨的横向内六角螺栓1(参照图6.2)调整顶丝来调整前沿板左右移动,将另一侧内六角螺栓也做相应的旋转,移动梳齿板使其在两梯级线中间;

c. 运行自动扶梯一周以上,观察梯级与梳齿啮合情况,无异常后将扶梯复原,恢复运行。

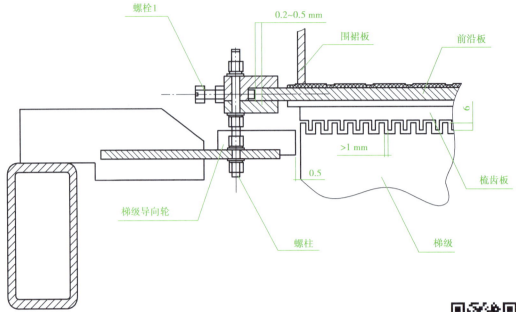

图 6.2 梯级与梳齿的调整

4. 扶梯梯级刮围裙板的处理方法

处理方法可参照图 6.3,具体步骤如下:

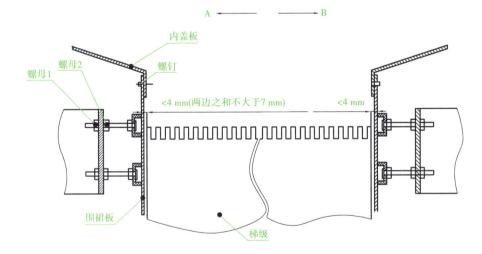

图 6.3 梯级刮围裙板

①运行扶梯,确认发出声响的位置;

②停止电梯运行,拆下发出声响位置的内盖板;

③用 17 叉口扳手松螺母 2,紧螺母 1,围裙板向 A 方向移动,使梯级与围裙板之间的缝隙增大(保证梯级与围裙板之间缝隙单侧不大于 4 mm,两侧之和不大于 7 mm);用 17 叉口扳手松螺母 1,紧螺母 2,围裙板向 B 方向移动,使梯级与围裙板之间的缝隙减小(保证

梯级与围裙板之间缝隙单侧不大于 4 mm,两侧之和不大于 7 mm);

④运行扶梯,观察声响是否还存在,若存在继续调整,若不存在,将内盖板复原,恢复电梯运行。

5. 自动扶梯梯级运行过程中各部位噪声的检查和排除方法

①扶梯运行中出现的噪声常有以下几个原因

a. 梯级刮围裙板;

b. 梯级钩刮紧急导轨;

c. 梯级导轨有异物和导轨有台阶;

d. 梯级链条链轮有损;

e. 梯级链条张紧不一;

f. 梯级固定螺丝不牢固。

扶梯运行中出现噪声调整方法如下:

a. 调整围裙板螺母,根据实际情况进行围裙板与梯级之间间隙的调整,保证梯级与围裙板之间缝隙单侧不大于 4 mm,两侧之和不大于 7 mm;

b. 将刮紧急导轨的梯级卸下,把梯级钩的角度适当改变;

c. 连续卸下 3~4 个梯级,检查导轨异物并清理;修磨导轨台阶处;

d. 链条轴有锈迹应及时清理掉,防止拉伸不开。链轮有损坏应及时更换;

e. 两条链条张紧不一时,可调整张紧装置达到两链条张紧一致;

f. 紧固螺丝不牢固的梯级。

②扶梯梯级运行到转弯处出现台阶感常有以下几个原因:

a. 运行的直线导轨变形或左右导轨不在同一个平面位置上;

b. 梯级链条与梯级轴缺油或梯级链左右拉伸不一致;

c. 主驱动链条位伸或大小链轮的位置偏差(不在同一个平面上),引起运行跳动;

d. 导轨接缝处不平整,或有错位;导轨表面有积尘或污垢。

处理方法如下:

a. 校正导轨或予以调整;

b. 定期清除积尘或污垢,并上油予以润滑;

c. 校正驱动链条使其具有一定的张紧度,或更换已坏的链轮;

d. 调整、打磨、清洗、润滑。

6. 扶梯梯级运行位置不同而与围裙板的距离变化处理方法

首先打开踏板,卸下防护罩,插上检修盒,点动运行自动扶梯上、下行,观察梯级是否刮梳齿,如果梯级刮梳齿,依次对梯级和梳齿进行调整,保证梳齿与梯级均无刮碰并运行一周;

然后观察梯级与围裙板之间的间隙,用尖尺测量梯级与围裙板间隙单侧不大于 4 mm,两侧之和不大于 7 mm,对尺寸不符的位置进行调节,使梯级与围裙板尺寸符合要求,拔掉检修盒,安上防护罩,恢复踏板。

7. 扶手带速度异常处理方法

检查项目:

a. 扶手带速度与梯级速度不同步;

b.扶手带链、扶手带驱动链伸长或扶手带驱动装置的调整不良;

c.扶手带驱动装置的活动部分在导向销上、下移动不灵活;

d.扶手带按压导承按压力太大使运行阻力增大所致;

e.扶手带导轨分中不良,扶手带与扶手带导轨以及扶手带框架之间没有松动余量,使运行阻力增加。

处理方法:

a.利用调整螺栓调整驱动链张力可恢复正常,必要时可对伸长较严重的链条裁断;

b.更换调整拖轮;

c.调整扶手带按压导承至合适压;

d.调整导靴,使得扶手带左右晃动间隙相当,无阻力。

6.1.3 电扶梯主要部件更换报废标准

1.垂直电梯

①电动机出现下列情况之一时,且无法修复,应判废:

a.电动机轴承磨损、碎裂影响运行;

b.电动机绕组短路、断路;

c.直流电动机的换向器严重磨损;

d.在正常使用条件下,电动机绝缘电阻下降,冷态未达 5 MΩ,热态未达 0.5 MΩ。

②减速箱出现下列情况之一时,应判废:

a.蜗轮蜗杆副出现严重磨损,蜗轮齿磨损量大于齿厚15%;

b.探伤发现,蜗轮或蜗杆有隐裂;

c.减速箱油温超过 85 ℃,且无法采取降温措施;

d.轴承磨损后使轴承部位工作温度超过 95 ℃。

③制动器出现下列情况之一时,应判废:

a.制动器不能满足完全开闸要求,且无法修复;

b.制动器电磁线圈工作温升超标,B 级绝缘工作温升超过 80 K,F 级绝缘工作温升超过 105 K;

c.制动器磁线圈工作温升超过出厂许可温度并引起线圈烧熔短路;

d.制动器出现裂纹等机械损伤。

④曳引轮出现下列情况之一时,应判废:

a.曳引轮各绳槽的磨损不一致,各槽节圆之间直径的最大差值大于 1 mm,且无法修复;

b.绳槽磨损造成曳引力不足,无法满足 GB 7588 要求。

⑤反绳轮、导向轮、张紧轮出现下列情况之一时,应判废:

a.轮槽异常磨损,引起钢丝绳脱槽危险;

b.轮槽有缺陷,引起钢丝绳损伤;

c.轮轴承磨损或损坏,出现异常音或振动,且不能修复;

d.轮体与轴承、轴与轴承出现滑移,且无修复价值;

e. 轮体出现裂纹或破损等机械损伤的;

f. 高分子材料轮出现变形、老化龟裂。

⑥曳引钢丝绳出现下列情况之一时,应判废:

a. 断丝分散出现在整条钢丝绳,任何一个捻距内单股的断丝数大于4根;

b. 断丝集中在钢丝绳某一部位或一股,一个捻距内断丝总数大于12根(对于股数为6的钢丝绳)或者大于16根(对于股数为8的钢丝绳);

c. 磨损:磨损后的钢丝绳直径小于或等于原钢丝绳直径的90%;

d. 变形或损伤:钢丝绳出现笼状畸变、绳股挤出、扭结、部分压扁、弯折。

⑦轿厢架变形或损伤,存在下列情况之一,且无法修复的,应判废:

a. 轿厢地板倾斜大于其正常位置5%;

b. 轿厢架的下梁、上梁、或立梁发生扭曲;

c. 轿厢架出现脱焊、材料开裂,影响电梯安全运行,且无修复价值。

⑧轿厢出现下列情况之一,且无法修复,应判废:

a. 轿壁、轿顶严重锈蚀、穿孔;

b. 轿壁、轿顶严重变形、破损,加强筋脱落;

c. 玻璃轿厢壁爆裂。

⑨对重架、对重块出现下列情况之一时,应判废:

a. 对重架严重变形,四导靴工作面不在同一平面内,且无法校正;

b. 直梁、底部横梁发生变形,不能保证对重块在对重架内的可靠固定,存在对重块坠落危险;

c. 对重块出现断裂。

⑩补偿装置出现下列情况之一时,应判废:

a. 补偿链表面包裹材料出现开裂、撕皮,不能保证曲率轨迹随意摆动,存在拽拉其他设施及自身破断风险;

b. 穿绳链链环表面有严重的锈蚀、脱焊,存在自身破断风险;

c. 补偿链使用中发生断裂。

⑪开门机判废准则开门机故障频繁,维修费用接近更新费用的,应判废:

a. 层门锁装置判废准则层门锁机械结构变化,不能保证最小啮合长度7 mm、且无法调整,应判废;

b. 当安全钳出现以下情况时,应判废:安全钳制动后,钳体出现裂纹、变形,夹紧件(锲块或滚柱等)出现裂纹、变形或磨损,弹性元件出现塑性变形,导致楔块与导轨侧工作面间隙过大,无法有效制停轿厢或对重,且无法修复,应判废。

⑫层门板、轿门板出现下列情况之一时,应判废。

a. 层门板、轿门板严重锈蚀、穿孔,背部自关门重锤脱落;

b. 层门板、轿门板严重变形,门扇之间、门扇与立柱、门楣和地坎之间的间隙不符合GB 7588要求,且无法修复;

c. 玻璃层门、玻璃轿门爆裂。

⑬地坎出现下列情况之一且无修复价值的,应判废:

a. 地坎变形,不能保证地坎与门扇之间间隙达到GB 7588要求;

b.地坎因变形使得层门地坎与轿厢地坎间距大于 35 mm；

c.地坎表面因磨损,滑槽深度变浅,多次发生门导靴脱出地坎滑槽或门扇移动困难；

d.铸铁地坎因重物碾压而断裂,严重影响层、轿门正常工作。

⑭门保护装置出现下列情况之一时,应判废：

a.电子类门保护装置因器件损坏导致保护功能失效,且无法修复；

b.机械类门保护装置因机械故障导致保护功能失效,且无法修复；

c.电子、机械类门保护装置出现破损或严重变形。

⑮当限速器及其部件出现以下情况时,限速器应判废：

a.当限速器轴承磨损导致轴部损伤及轴承套损伤,且无法修复；

b.因轮槽不均匀磨损、槽形改变、制动组件磨损等,限速器动作时,限速器绳的张力达不到 GB 7588 要求；

c.限速器因机械、电气故障,其电气动作速度和机械动作速度不能符 GB 7588 要求,且无法调整。

⑯极限开关存在下列情况之一应判废：

a.开关胶轮脱落或破裂；

b.保持弹簧失效；

c.触点烧灼或接触不良等,导致保护失效。

⑰夹绳器存在下列情况之一,且无法修复,应判废：

a.触发联动机构损坏；

b.本体或制动弹簧出现塑性变形、裂纹；

c.复位装置损坏。

⑱液压缓冲器出现下列情况之一时,应判废：

a.缸体发生隐裂,液压油泄漏、无法修复；

b.柱塞锈蚀或复原弹簧失效,缓冲器复位不能满足 GB 7588 要求；

c.缓冲器动作后,产生永久性变形。

⑲随行电缆出现下列情况之一时,应判废：

a.护套发生开裂；

b.绝缘材料发生破损,导致绝缘电阻不满足要求；

c.线芯发生疲劳断裂,电缆的备用线无法满足需要更换的电线数量；

d.电缆严重变形、扭曲。

⑳T 型导轨出现下列情况之一时,应判废：

a.因外力作用,导轨发生塑性变形、无法调整,引起井道部件相互碰擦,影响电梯的正常运行；

b.导轨因严重锈蚀或磨损,使导轨面宽度小于安全钳有效制动所需的宽度。

㉑空心导轨出现下列情况之一时,应判废：

a.因外力作用,导轨发生塑性变形、无法调整,引起井道部件相互碰擦,影响电梯的正常运行；

b.空心导轨发生镀锌层起皮、起瘤和驳落现象；

c.空心导轨严重磨损,对重装置存在脱离导轨风险。

2. 自动扶梯

①电动机出现下列情况之一时,且无法修复,应判废:

a. 电动机轴承磨损、碎裂影响运行;

b. 电动机绕组短路、断路;

c. 直流电动机的换向器严重磨损;

d. 在正常使用条件下,电动机绝缘电阻下降,冷态未达 5 MΩ,热态未达 0.5 MΩ。

②减速箱出现下列情况之一时,应判废:

a. 蜗轮蜗杆副出现严重磨损,蜗轮齿磨损量大于齿厚 15%;

b. 探伤发现,蜗轮或蜗杆有隐裂;

c. 减速箱油温超过 85 ℃,且无法采取降温措施;

d. 轴承磨损后使轴承部位工作温度超过 95 ℃。

③制动器出现下列情况之一时,应判废:

a. 制动器不能满足完全开闸要求,且无法修复;

b. 制动器电磁线圈工作温升超标,B 级绝缘工作温升超过 80 K,F 级绝缘工作温升超过 105 K;

c. 制动器磁线圈工作温升超过出厂许可温度并引起线圈烧熔短路;

d. 制动器出现裂纹等机械损伤。

④驱动链条出现下列情况之一时,应判废:

a. 伸长率超过 1.5%;

b. 与链轮不能正常啮合,且无法裁链处理;

c. 严重锈蚀。

⑤梯级出现下列情况之一时,应判废:

a. 出现裂纹变形;

b. 发生断裂。

⑥扶手带出现下列情况之一时,应判废:

a. 开口处与导轨间隙大于 8 mm;

b. 表面龟裂或内外层材料剥开或表面磨损严重。

⑦导轨出现下列情况之一时,应判废:

a. 工作面磨损深度大于 1 mm;

b. 发生变形断裂。

⑧梯级轮出现下列情况之一时,应判废:

a. 外圈磨损大于 1 mm;

b. 轴承发生变形裂纹。

⑨主驱动轴出现下列情况之一时,应判废:

a. 链轮磨损严重;

b. 主轴体变形或裂纹。

⑩扶手带驱动链出现下列情况之一时,应判废:

a. 伸长率超过 1.5%;

b. 与链轮不能正常啮合,且无法裁链处理;

c.严重锈蚀。

⑪梯级链出现下列情况之一时,应判废:

a.伸长率超过 1.5%;

b.与链轮不能正常啮合,且无法裁链处理;

c.严重锈蚀。

6.1.4　电扶梯大修及改造验收

1.大修

对电扶梯的各部件全面拆卸、清洗、调整,对老化或损坏严重的个别部件、配件进行更换的工作。

电梯在使用一定的年限后,各运动部件之间的摩擦、震动撞击、超负荷使用以及环境尘埃和腐蚀锈蚀的影响,加之日常维护保养工作若不到位,造成电梯的零部件疲劳、变形、磨损、连接件松动,甚至功能失效,致使电梯带着事故隐患运行,存在不安全因素。因此,应根据情形变化程度,选择中或大修的方式加以修复,使其恢复原来的安全技术性能,避免零部件缺陷进一步加深甚至报废。

电扶梯在连续运行 3 年后须进行中修,运行 5 年后须进行大修。

2.改造

改造是指改变原特种设备受力结构、机构(传动系统)或控制系统,致使特种设备的性能参数与技术指标发生变更的业务。改造的选择可包括如下:

①电梯的曳引机、轿厢、控制系统、导轨及导轨类型等,通过大修无法使其恢复到开始交付使用时的性能,需整体更换;

②新装置、新型号、新技术以及新材料的引用可以改进在用电梯的功能、性能、可靠性、安全性以及节能增效,但同时也改变了电梯的主参数或部件的性能参数与技术指标;

③改变轿厢重量的环境适应性装潢或加固。

3.验收

①大修或改造后拟投入使用的自动扶梯应当按照《自动扶梯和自动人行道监督检验规程》规定的内容进行检验。

②修或改造后拟投入使用的垂直电梯应当按照《电梯监督检验规程》规定的内容进行检验。

6.1.5　电扶梯设备的调试及验收

1.电梯与车站环境与设备监控系统(BAS)的调试

BAS 系统是车站设备监控系统。电梯通过通信接口(RS485)和硬线接口将电梯的运行状态、所有的故障信息等信息上传至 BAS 系统;紧急情况下,BAS 系统通过硬线向电梯发出消防指令信号,电梯接收到该信号后自动运行至基站(安全层)后,开门后停止运行,同时通过硬线向 BAS 系统发出完成消防指令信号。

电梯与 FAS、BAS 系统传输信号如下：

①电梯按要求接收 FAS 消防指令信号及反馈信号。

②电梯一般向 BAS 系统提供正常/检修、故障、停止运行信号。

2. 电梯与通信系统的调试

电梯至车站控制室的对讲电话和视频由通信系统配合调试，电梯专用摄像头安装在电梯轿厢顶部能监视到整个轿厢情况的位置。需保证通话质量清楚，画面清晰。

3. 自动扶梯与环境与设备监控系统(BAS)的接口

BAS 系统是车站设备监控系统，扶梯按要求向 BAS 系统提供扶梯监视信号。采用 RS485 通信接口，自动扶梯提供 2 个 RS485 通信接口。一般要求如下：

①站内扶梯向 BAS 系统发出扶梯上行、下行、左、右扶手带对梯级的速度偏差、手动运行、自动运行、钥匙停梯和紧急停梯信号及所有故障信息等监视信号；出入口扶梯除能向 BAS 发出与站内扶梯相同种类的信号外，还增加踏板防盗监视信号。

②信号采用无源干接点方式接收 BAS 消防指令信号。

③扶梯的运行状态不仅在扶梯本身的显示装置上显示，还需通过与车站设备监控系统(BAS)的接口上传给车站设备监控系统(BAS)。

④IBP 盘是综合监控系统的控制装置，每台扶梯向 IBP 盘通过硬线提供远程急停信号，实现扶梯接收 IBP 盘指令后紧急停止功能。

任务 6.2 屏蔽门

6.2.1 屏蔽门疑难故障处理方法

1. 信号命令回路电气故障

①信号命令控制无效

故障现象：列车进站后，列车门能全部打开，屏蔽门门整侧打不开。列车离站前，列车门能全部关闭，屏蔽门整侧无法关闭。

故障分析：相关回路接线松动；信号命令开/关门继电器故障；信号命令开/关门电源故障；PEDC 故障；信号设备故障。

处理方法：打开 PSC 柜，参考《控制原理图》，用万用表对信号命令回路进行检查；用万用表检查信号命令开/关门电压是否正常；从 PSC 柜内接线端子模拟信号开关门命令，滑动门是否动作正常；通知信号专业协助排查。

②命令缺路故障

故障现象：PSC 发出开、关命令，滑动门开、关门正常，但 MMS 显示命令缺路。

故障分析：①PEDC 故障；②PEDC 开、关门命令输出 IO 口端子松脱；③命令回路中某个部位的接线端子连接不良。

处理方法：①在 MMS 软件中查询 PEDC 是否有故障发生；②检查 PEDC 的命令出线 IO

端子连接是否良好;③从距离设备房最近的 DCU 转接盒查起,检查该侧命令控制回路是否连接不良。

2. 安全回路及安全继电器故障

屏蔽门安全
回路故障处理

故障现象:整侧屏蔽门关闭,因安全回路或安全继电器故障,导致无法向信号系统送出所有门关闭且锁紧信号,造成列车无法正常进出站。

故障分析:安全回路由滑动门的左右门到位光电开关、闸锁内的吸合释放行程开关和应急门的接近开关以及 DCU 内的安全回路继电器串联闭环回路,其中任何一个元器件故障,或相关接线插头松动,都会导致安全回路断开,直接影响运营。

处理方法:①查看关闭锁紧指示灯,若常亮说明故障发生在与信号专业的接口处或信号专业设备故障,立刻通知信号专业联合排查;②若关闭锁紧灯灭,查看 PSA 监控界面,是否有屏蔽门或应急门未完全关闭,也可通过观察站台上的门头灯状态来进行判断,重新关闭好该门;③如果所有的屏蔽门和应急门都关闭了,但安全回路依然处于断开状态,可依次使用 LCB 操作将 1 - 24 号滑动门打到手动关位置,查看是否某个门的 DCU 安全回路继电器故障,引起的安全回路断路;④旁路无效时,使用二分法,先短接 12 号门安全回路,通则表示故障在 1 - 12 号门之中,反之则在 12 - 24 号门之中,再短接 6 号门,通则表示故障在 1 - 6 号门之中,反之则在 6 - 12 号门之中……最终可定位是哪一道滑动门故障引起的安全回路故障;⑤若站台短接均无效,则可短接 PSC 柜内门头到设备房的安全回路端子,判断故障发生于门头至设备房的线路前还是 PSC 柜内的元器件引起。

6.2.2　屏蔽门主要部件报废标准

正常使用维护条件下,整机大修周期不小于 20 年,系统设备满足在正常维护条件下运行五年不更换任何部件,屏蔽门系统使用寿命和报废标准见表 6.1。

表 6.1　屏蔽门系统使用寿命和报废标准

名称	使用寿命	报废标准
1. 驱动装置(包括电机、减速器)	20 年	不能满足性能要求
2. 传动装置(不包括皮带)	20 年	不能满足性能要求
3. 皮带	8 年	断裂
4. 门支撑结构(包括顶部钢结构、立柱、底部支承安装件)	30 年	锈蚀且不能承力
5. 门框结构、顶箱结构	30 年	变形、影响门体运行
6. 门框与玻璃粘结件	30 年	失效
7. 滑动门锁紧装置	20 年	功能失效
8. 门安装绝缘件	30 年	开裂、失效
9. 门各种密封件	5 年	老化
10. 门槛	30 年	变形,无防滑功能

名称	使用寿命	报废标准
11.门底部导靴	10 年	磨损严重,影响门体运行
12.门顶部导轨	20 年	磨损严重,影响门体运行
13.手动解锁装置	20 年	功能失效
14.控制系统主机(PSC)	10 年	不能满足性能要求
15.DCU(门控单元)	10 年	不能满足性能要求
16.PSL(就地控制盘)	10 年	不能满足性能要求
17.电源设备(配电盘等)	10 年	不能满足性能要求
18.驱动电源	10 年	不能满足性能要求
19.控制电源	10 年	不能满足性能要求
20.蓄电池	10 年	功能失效

6.2.3 屏蔽门大修及改造验收

1.中大修

①电源系统中修规程

电源系统中修规程见表6.2。

表 6.2 电源系统中修规程

系统	修程	周期	范围	检查内容	检修及验收标准
电源系统	中修	5 年	电源柜	蓄电池检测、更换	(1)单个蓄电池内阻值符合相应品牌参数标准要求 (2)电池外壳无严重变形或破裂、鼓包 (3)电池表面无漏液,接线处无腐蚀 (4)蓄电池整组电压范围为总电压80~125%内
				电池巡检单元检测、更换	(1)PM4 显示电池状况与实际测量值一致 (2)更换后 PM4 无异常故障记录
				监测单元更换	(1)启动正常,无故障记录 (2)各接口均正常使用
				DC/DC 模块更换	(1)24V 电源输出正常 (2)PM4 无故障记录
				整流模块更换	(1)交流电转换成110V 直流电正常 (2)PM4 无故障记录

②屏蔽门系统大中修

屏蔽门系统大中修规程见表6.3。

表6.3　屏蔽门系统大中修规程

系统	修程	周期	范围	检查内容	检修及验收标准
屏蔽门系统	中修	5年	门体门机	全面检测	
				皮带外观及运行情况	(1)皮带安装紧固、无松动 (2)运行顺畅,开关门正常
				碳刷及门体运行情况	(1)按照使用寿命统一更换 (2)碳刷紧固正常,无磨损变形 (3)开关门运行正常
				行程开关	(1)手动解锁、关闭锁紧、左右关门到位各行程开关紧固,无松动、无变形、无断裂 (2)开关门正常,PSA平台无报红、无故障记录
				模式开关	(1)更换后模式开关各挡位功能正常 (2)模式开关开关门正常,PSA无故障记录,事件记录存在 (3)模拟模式开关故障均在PSA中体现
				其他备件检测,电机、导轨、导靴、密封胶条、传动组件、闸锁、手动解锁	(1)各部件安装牢固、无松动、无破损 (2)各部件功能正常 (3)滑动门开关正常,无故障记录 (4)PSA无故障记录 (5)一侧门体运行正常,无报红、无异常事件记录
			控制柜	全面检测	整体性能指标是否达标
				工控机运行状态	(1)供PSA正常启动,无故障记录 (2)各串口均正常使用
				PEDC/ATC内部继电器更换	PEDC/ATC,开关门正常,无PEDC报红及异常故障记录
				安全继电器运行状态	(1)各指示灯正常,PSA无故障记录 (2)PSL、IBP各级开关门运行正常
				24V电源运行状态	(1)电源AD24V (2)无故障及异常情况,电源稳定
				DCU及主板运行状态	(1)开关门正常,PSA无故障记录,门体无报警 (2)各项功能满足合同技术要求 (3)各接口功能满足合同要求
				其他备件检测	(1)安装紧固、无松动、无破损 (2)功能正常,满足合同要求 (3)PSL、信号模拟、手动模式三级操作均有效,PSA无故障记录

系统	修程	周期	范围	检查内容	检修及验收标准
屏蔽门系统	大修	10年	门体门机	全面检测	
				电机检查、更换	(1)电机安装紧固 (2)正常开关门,PSA无故障记录 (3)无异响
				顶部导轨检查、调整	导轨运行平滑,无变形、剐蹭,开关门正常
				密封胶条检查、更换	(1)无破损,无开胶 (2)无松动,固定位置紧固
				导靴检查、调整	(1)无磨损、变形 (2)开关门无剐蹭、阻力情况 (3)滑行顺畅,开关门顺畅
				传动组件检查、调整	(1)外观紧固、无松动 (2)功能正常
				闸锁检查、调整	(1)动作灵活,无卡阻 (2)拨动闸锁闭锁回路断开,指示灯鸣笛报警 (3)开关门正常,PSA无异常故障记录
				手动解锁测试	(1)外观紧固,无松动 (2)功能满足合同要求 (3)手动解锁需要关门力满足合同要求,≤67 N
				其他备件检测	(1)各部件安装牢固、无松动、无破损 (2)各部件功能正常 (3)滑动门开关正常,无故障记录 (4)PSA无故障记录 (5)一侧门体运行正常,无报红、无异常事件记录
	专项修	—	绝缘地板	绝缘地板外观及使用情况	(1)绝缘地板外观无鼓包、无破损、无翘边 (2)正常使用
			控制柜	变压器外观及功能	(1)变压器安装牢固,温度达标 (2)输入、输出电压正常 (3)屏蔽门供电正常,开关无故障
			门体门机	皮带更换	(1)按照使用寿命统一更换 (2)更换后备件完好,安装牢固

2.改造

随着科技水平的发展和现有屏蔽门设备的老化,屏蔽门设备不能满足安全生产的需要时就要进行设备改造。

改造可包括如下:

①屏蔽门系统供电方式的改变;

②屏蔽门系统传动方式的改变;

③新装置、新型号、新技术以及新材料的引用可以改进在用屏蔽门的功能、性能、可靠性、安全性等指标;

④屏蔽门控制系统、电源系统的升级等。

6.2.4 屏蔽门设备的调试及验收

1.调试

①门体状态对点测试

门体状态主要包含对滑动门、应急门、端门的对点测试。

a.滑动门

每个滑动门单元测试 11 种状态,分别为滑动门关闭锁紧状态、滑动门故障状态、自动位、隔离位、手动位、闭锁检测开关故障状态、开门故障状态、关门故障状态、DCU 故障状态、电机故障状态、门解锁故障状态。

b.应急门

每个应急门测试两种状态,分别为应急门开启状态、应急门闭锁检测开关状态。

c.端门

每个端门测试 3 种状态,分别为端门解锁状态、端门闭锁检测开关状态、端门开启超时报警状态。

②PSL 状态对点测试

PSL 对点测试主要包括 PSL 使能状态、开门命令、关门命令、互锁解除状态的测试。

③设备房设备对点测试

设备房设备对点测试主要包括 PEDC、UPS 各命令及故障点。

a.PEDC 状态测试

PEDC 状态测试主要包括信号系统关门命令状态、信号系统开门命令状态、信号系统命令故障状态、CAN 总线故障状态、PEDC 故障状态、驱动电源故障报警状态、PEDC 通道故障状态、所有滑动门/应急门关闭且锁紧状态、所有滑动门完全开启状态。

b.UPS 对点测试

UPS 对点测试主要包括主电源故障状态、驱动 UPS 故障状态、控制 UPS 故障状态。

④IBP 对点测试

IBP 对点测试主要进行 IBP 开门命令测试。

2.验收

①门体结构及门机的安装

a.主控项目

机械结构的设计上应能在 X、Y、Z 方向做适应性调整;X(平行于轨道)方向不小于 ±50 mm、Y(垂直于轨道)、Z(垂直于站台面)方向不小于 ±30 mm。

门机水平固定,轨道与水平面的不平行度公差应小于 2 mm。

立柱中心至轨道中心的安装误差不得超出 0~5 mm 误差范围。立柱中心线应和站台平面垂直(站台纵向坡度 2‰),不垂直度应小于 1.5 mm。

下支架与土建预埋件连接的对穿螺栓 M16 扭矩不小于 89 N·m。

门槛下部支撑连接 M8 螺栓的扭矩不小于 20 N·m。

门槛到轨道中心线距离不小于 1 500 mm。

门槛表面到轨道面的距离(1 050 ±0.5)mm。

门体与立柱包板间距(5 ±1)mm。

后盖板与主体连接螺栓 M6 扭矩不小于 10 N·m。

滑动门门体表面(轨道侧)距轨道中心线距离(1 580 ±5)mm。

屏蔽门主体结构对轨道绝缘值不小于 0.5 MΩ。

立柱的顶部与门头以及上部柱连接螺栓 M16 扭矩不小于 120 N·m。

门槛导靴滑槽(8 ±1)mm。

滑动门底部与门槛间隙(5 ±2)mm。

固定门与立柱框架结合处玻璃间隙均匀,且在同一平面上 (±1 mm)。

固定门安装完成后,门体与立柱包板间隙均匀 (6 ±1 mm)。

门体电气触点开关能正常动作。

应急门、端门的解锁正常(解锁力不大于 67 N)。

后盖板轨道侧到轨道中心线的距离(1 513 ±5)mm。

每侧站台 36 扇固定门和应急门应整齐调整安装在一个垂直平面内,平面度误差不大于 10 mm。

b. 一般项目

所有连接螺栓和定位螺钉应有可靠的防松设计,安装调整完成后应检查防松零件是否可靠;

屏蔽门在站台上的各支座,在高程和平面安装调整时,应保证门槛面与轨顶面平行,平行度应小于 0.05%;

每个门单元屏蔽门横梁的安装应使门机轨道中心线水平,门机轨道面对于门槛面的不平行度应小于 0.05%;

固定门扇和固定门扇之间、固定门扇与地槛之间不应有明显间隙且间隙均匀;

滑动门扇关闭后两滑动门扇中缝应没有明显的缝隙,不透光线,滑动门扇、应急门扇与门楣、地槛之间的间隙不得大于 6 mm,间隙处使用密封毛刷。滑动门扇和固定门扇、滑动门扇和应急门扇之间的间隙,在门扇未受横向负载条件下,上下应均匀一致,滑动门关闭状态下这条间隙应有可靠的装置自动密封,防止站台侧与轨道侧的空气串流;

在活动门与固定门之间的间隙处设置毛刷,以加强密封且防止小孩的手指伸入间隙中;

轨道侧顶箱安装不允许侵入限界,顶箱面板间的间隙应平直均匀;

屏蔽门系统内各电气设备的安装与更换应简单方便,易于维护;

屏蔽门各类门体采用隐框结构；

滑动门与固定门之间的间隙不得大于 6 mm；

轨道侧顶箱安装不允许侵入限界，影响列车运行安全，此处安装只允许有正偏差，不允许有负偏差，顶箱面板间的间隙应尽可能小，平直均匀；

固定门门框与外部四周的安装间隙不得大于 6 mm；

门槛安装完毕后表面无划痕；

螺母紧固后螺栓不能凸出两个螺距以上；

下支架之间的距离偏差 ±2 mm；

下支架的垫片无悬空现象；

门槛与立柱的安装间隙均匀；

门槛安装牢固；

门槛安装过程中做好成品保护措施；

相邻门槛接缝处高差小于 2 mm；

单侧门槛与车站站台坡度要求一致；

防撞胶条间隙均匀；

立柱的接地线安装正确并且牢固可靠；

固定门玻璃与立柱包板间的密封胶外观良好；

立柱的铝合金饰板平滑牢固且外观良好；

相邻盖板平正，感观质量；

前下盖板开锁开关动作良好；

盖板保护良好，无刮花损伤；

安装后从站台板下至站台上面的孔洞需封堵。

②电源及控制系统

a. 主控项目

镀锌的钢导管、可挠性导管和金属线槽不得熔焊跨接接地线，以专用接地卡跨接的两卡间连线为铜芯软导线，截面积不小于 4 mm²；

当非镀锌钢导管采用螺纹连接时，连接处的两端焊跨接接地线；当镀锌钢导管采用螺纹连接时，连接处的两端用专用接地卡固定跨接接地线；

金属线槽不作设备的接地导体，当设计无要求时，金属线槽全长不少于两处与接地（PE）干线连接；

非镀锌金属线槽间连接板的两端跨接铜芯接地线，镀锌线槽间连接的两端不跨接接地线，但连接板两端不少于 2 个有防松螺帽或防松垫圈的连接固定螺栓；

金属导管严禁对口熔焊连接；镀锌和壁厚小于 2 mm 的钢导管不得套管熔焊连接；

驱动电源、控制电源与外电源的隔离阻抗不应小于 5 MΩ；

屏蔽门配电电缆、控制电缆应采用不同线槽敷设或同槽分室；

应急门上应安装关门到位感应装置，可反映门体位置状态信息；

滑动门单元应安装开、关门到位感应装置，可反映门体位置状态信息；

b. 一般项目

驱动电源的后备电源容量应至少满足完成本站全部滑动门开/关三次循环的需要，控制电源的后备电源容量应至少满足负载持续工作30分钟的需要。

绝缘及接地:屏蔽门的所有结构(包括24个门单元及端门、应急门等)的安装应采用绝缘安装,屏蔽门门体结构对地绝缘值不小于0.5 MΩ(用500 V兆欧表测试);应有保护底部绝缘件的措施,以防止运营过程中的水及灰尘破坏绝缘效果;绝缘件应方便更换。屏蔽门端门的安装与整侧车站站台屏蔽门绝缘,方便在工程验收阶段的测试及验收。屏蔽门门体,采用一点与钢轨直接连接的接地方式,与钢轨保持等电位,每侧屏蔽门各单元间可靠连接,单元之间能灵活隔断。到钢轨上的接地电缆采用两根50 mm²的电缆接地。

绝缘电阻(在正常试验大气压条件下系统绝缘电阻要求:额定电压 U 不大于 60 V 时,绝缘值≥5 MΩ(用250V兆欧表);额定电压 U 大于 60 V 时,绝缘值不小于 5 MΩ(用500 V兆欧表);系统设备房所有设备接地电阻值不大于0.5 Ω;站台上屏蔽门所有设备对地绝缘值不小于0.5 MΩ(用500 V兆欧表)。

为了保证正常上、下车乘客的安全及舒适度,车站站台屏蔽门门体结构必须与走行轨相连接,以保证屏蔽门与车辆处于同一电位。

屏蔽门对地
绝缘测试步骤

PSD设备室接地:所有的PSD设备室的设备都将连接到车站地。在设备室和站台之间的所有电缆托盘和线槽都将连接到车站地。在线槽与PSD的连接部位,采用一段绝缘线槽,保证PSD的绝缘。所有接地和电路断路器都满足IEE的配线规定BS7671,提供防止间接接触的保护,系统设备房所有设备的接地电阻值为不大于1 Ω。

PSD结构接地:所有连接到PSD的供电电源都源自隔离变压器。全高屏蔽门结构和站台土建之间的绝缘电阻不小于0.5 MΩ(用500 V兆欧表)(在PSD与轨道地分离的情况下测量);整个门体的等电位通过与顶箱连接的主接地铜条(70 mm²电缆)实现,整个主接地铜条也将使用外套绝缘体;

端门单元和屏蔽门之间的绝缘电阻也为0.5 MΩ(用500 V直流兆欧表);端门单元和站台土建之间的绝缘电阻为0.5 MΩ(用500 V直流兆欧表);

任何附上或者交叉越过端门单元的电缆都要使用绝缘的线槽或者管道。端门单元的结构将尽可能减少金属和导电材料的使用,任何外露的金属件将涂上一层绝缘材料,减少触摸电压;

接地电缆采用满足BS7211的低烟无卤(LSZH)的绿/黄双色电缆;

在站台表面采用具有良好绝缘性能的绝缘地板铺设,绝缘区域宽0.9 m的PSD区域;

导管、线槽的敷设应整齐牢固。线槽内导线总截面积不应大于线槽净截面积60%;导管内导线总截面积不应大于导管内净截面积40%;软管固定间距不应大于1 m,端头固定间距不应大于0.1 m;

接地线应采用黄绿相间的绝缘导线;

配电柜(屏)、控制柜(屏)的安装位置应符合相关规范的要求;

中央控制盘及门控器安装后应可在线和离线下载软件、调整参数。

③门单元检测

a. 主控项目

门体安装应可靠牢固并满足限界要求;

在轨道侧,应能通过滑动门上的手动把手开启滑动门,应能通过应急门、端门上的推杆装置开启应急门、端门；

在站台侧，应能利用专用钥匙手动开启滑动门、应急门、端门。

b. 一般项目

屏蔽门顶箱后封板安装牢固，活动面板安装平整，活动面板开启角度应不小于70°，并能在最大开启角度定位；

应急门、端门手动解锁的推杆装置安装可靠，保证不会因风压影响而自动开启；

滑动门、应急门、端门的力特性符合本规范合同要求；

应急门应能向站台侧旋转90°平开，完全打开后能保持在90°位置。除密封件以外，开关门时门扇其他部件不应与站台地面摩擦；

端门应在打开后定位保持在90°开度，并在小于90°时可自动复位至关闭，除密封件以外，开关门时门扇其他部件不应与站台地面摩擦；

全高屏蔽门滑动门体与立柱的间隙在5 mm范围内，滑动门体底部与门槛的缝隙在5 mm范围内。

④系统调试验收

a. 主控项目

屏蔽门门体应严格按照同一坡度安装。

在进行屏蔽门安装与验收时，应根据站台轨道控制基标点对门体进行限界检查。（具体数值）。

安全保护验收必须符合下列规定：必须检查以下安全装置或功能。

当电气柜三相电源中任何一相断开或任何二相错接时，断相、错相保护装置或功能应使屏蔽门不发生危险故障。

下列安全开关，必须动作可靠：滑动门关闭与锁紧开关；应急门关闭与锁紧开关；端门关闭与锁紧开关。

滑动门、应急门、端门的试验必须符合下列规定：每一扇门体必须能够在站台侧用同一把专用钥匙正常开启。

b. 一般项目

屏蔽门安装后每个单元应进行运行试验和功能测试；一侧完整的屏蔽门按产品设计规定的运行强度运行144 h，屏蔽门应运行平稳、连续运行无故障。

噪声检验应符合下列规定：在列车正常运行状况下，屏蔽门不能产生因风压差引起的风哨声；屏蔽门顶箱盖板关闭，在站台侧距离屏蔽门1.5 m处测量屏蔽门运行时噪声不大于70 dB(A)。

运行时间检验应符合下列规定：当电源为额定频率和额定电压，屏蔽门的开关门时间不应超过设定值的105%，且不应小于设定值的95%。

观感检查应符合下列规定：屏蔽门的外观表面应平整、无破损、无刮花，轨道侧手动把手和推杆应有清晰的操作标识，透明部件上应有清晰的防撞标识；屏蔽门开、关运行，门扇与立柱、门扇上端与门楣、门扇下端与门槛、门扇下端与地面应无刮碰现象；门扇与立柱、门扇上端与门楣、门扇下端与门槛、门扇下端与地面之间各自的间隙在整个长度上应基本一致；设备房（如果有）、顶箱、门体、门槛等部位应清洁。

复习思考题

1. 简述变频器工作原理。
2. 简述电梯运行过程中轿厢震动的原因有哪些方面？
3. 简述梯级运行过程跑偏的原因。
4. 扶梯梯级运行过程中产生噪声的原因有哪些方面？
5. 曳引轮、反绳轮报废标准是什么？
6. 试论述电扶梯大修、改造的意义。
7. 电扶梯在地铁车站监控中调试哪些点位？
8. 简述液压梯的主要系统组成。
9. 什么是等电位环境？
10. 简答空开的工作原理。
11. 简答直流有刷电机和直流无刷电机各自特点。
12. 电动机与机械之间有哪些传动方式？